TASTE
THE INFOGRAPHIC BOOK OF FOOD

食のビジュアル情報図鑑

世界の食材・料理・味のインフォグラフィック

ローラ・ロウ【著】
栗山 節子【訳】

TASTE : THE INFOGRAPHIC BOOK OF FOOD
by Laura Rowe with illustrations by Vicki Turner
Text copyright © Laura Rowe 2015
Illustration by Vicki Turner
(with the exception of those listed below)
Illustration pages 104-105, 130-131, 168-169, 178-179,
182-183, 190-191, 198-199, 202-203, 222-223 by Rob Brandt

Japanese translation published by arrangement with
Aurum Press through The English Agency (Japan) Ltd.

All rights reserved.

Printed and bounded in China

TASTE
THE INFOGRAPHIC BOOK OF FOOD

食のビジュアル情報図鑑

世界の食材・料理・味のインフォグラフィック

ローラ・ロウ【著】
栗山 節子【訳】

柊風舎

参考文献

Balinska, Maria. *The Bagel: The Surprising History of a Modest Bread* (New Haven and London: Yale University Press, 2008).

Bertinet, Richard. *Patisserie Maison* (London: Ebury Publishing, 2014).

Blythman, Joanna. *What to Eat* (London: Fourth Estate, 2012).

Bretherton, Caroline. *Step-by-Step Baking* (London: Dorling Kindersley, 2011).

Chandler, Jenny. *Pulse* (London: Pavilion Books, 2013).

Cloake, Felicity. *Perfect* (London: Fig Tree, 2011).

Cloake, Felicity. *Perfect Too* (London: Fig Tree, 2014).

Cross, Robert. *Classic 1000 Cocktail Recipes* (Berkshire: Foulsham, 2011).

Davidson, Alan. *The Oxford Companion to Food* (Oxford: Oxford University Press, 2014).

Edwards, Sarah Jane. *Chocolate Unwrapped* (London: Pavilion Books, 2010).

Gomi, Yuki. *Sushi at Home* (London: Penguin, 2013).

Grigson, Sophie. *The Soup Book* (London: Dorling Kindersley, 2009).

Harrar, Vanessa and Spence, Charles. 'The taste of cutlery: how the taste of food is affected by the weight, size, shape, and colour of the cutlery used to eat it', *Flavour* 2:21, (2013).

Holland, Mina. *The Edible Atlas* (Edinburgh: Canongate Books, 2014).

Joannides, Dino. *Semplice* (London: Preface Publishing, 2014).

Kimber, Edd. *The Boy Who Bakes* (London: Kyle Books, 2011).

Kinnaird, Dr Tim. *Perfecting Patisserie* (London: Apple Press, 2013).

Liger-Belair, Gerard. 'How Many Bubbles in Your Glass of Bubbly' *The Journal of Physical Chemistry* 118, (2014).

Manning, Anneka. *Mastering The Art of Baking* (Sydney: Murdoch Books, 2012).

Mathiot, Ginette. *I Know How to Cook* (London: Phaidon Press, 2009).

McCandless, David. *Information is Beautiful* (London: HarperCollins UK, 2012).

McCandless, David. *Knowledge is Beautiful* (London: HarperCollins UK, 2014).

McGee, Harold. *McGee on Food & Cooking: An Encyclopedia of Kitchen Science, History and Culture* (London: Hodder & Stoughton, 2004).

Melrose and Morgan. *Good Food for your Table: A Grocer's Guide* (London: Saltyard Books, 2014).

Presilla, Maricel E. *The Food of Latin America: Gran Cocina Latina* (New York: W.W. Norton & Company, 2012).

Roden, Claudia. *Book of Jewish Food* (London: Penguin, 1999).

Roden, Claudia. *Tamarind & Saffron* (London: Penguin, 2000).

Ramen, Ivan. *Love, Obsession and Recipes* (Bath: Absolute Press, 2014).

Segnit, Niki. *Flavour Thesaurus* (London: Bloomsbury Publishing, 2010).

Sitwell, William. *A History of Food in 100 Recipes* (London: HarperCollins UK, 2012).

Stein, Rick. *Fish & Shellfish* (London: Ebury Publishing, 2014).

Spaull, Susan and Burrell, Fiona. *Leiths Baking Bible* (London: Bloomsbury Publishing, 2012).

Spaull, Susan and Bruce-Gardyne, Lucinda. *Leiths Technique Bible* (London: Bloomsbury Publishing, 2012).

Stephenson, Tristan. *The Curious Bartender* (London: Ryland Peters & Small, 2013).

Wright, John. *The River Cottage Mushroom Handbook* (London: Bloomsbury Publishing, 2007).

ウェブサイト

www.aboutoliveoil.org/consumption.html
www.aeb.org/farmers-and-marketers/industry-overview
www.agmrc.org/commodities__products/nuts/almond-profile/
www.agribenchmark.org/agri-benchmark/did-you-know/einzelansicht/artikel//tomatoes-are.html
www.atlanticsalmontrust.org
www.avocadocentral.com/about-hass-avocados/hass-mother-tree
www.bbcgoodfood.com
www.boell.de/sites/default/files/meat_atlas2014_kommentierbar.pdf
www.visual.ly/global-annual-ice-cream-consumption-top-five-countries-worldwide
www.britishcoffeeassociation.org/about_coffee/coffee_facts/
www.britishturkey.co.uk/facts-and-figures/christmas-stats-and-traditions.html
www.businessinsider.com/scoville-scale-for-spicy-food-2013-11?IR=T
www.cantontea.co.com
www.charmingitaly.com/different-types-of-pasta/
www.cipotato.org/potato/native-varieties/
www.cfaitc.org/factsheets/pdf/Avocados.pdf
www.chinahistoryforum.com/topic/2991-dim-sum-a-little-bit-of-heart-beginners-guide/
www.dairymoos.com/how-much-milk-do-cows-give/
www.deliaonline.com/home/conversion-tables.html
www.deliaonline.com/how-to-cook/preserves/ten-steps-to-jam-making.html
www.deliciousavocados.co.uk/nourishing/
www.eattheseasons.co.uk
www.egginfo.co.uk/industry-data
www.fao.org
www.fao.org/agriculture/dairy-gateway/milk-and-milk-products/en/#.VUCYb7PF-PU
www.fao.org/ag/againfo/themes/images/meat/backgr_sources_data.jpg
www.fao.org/docrep/018/i3253e/i3253e.pdf
www.fishonline.org
www.foodpreservation.about.com/od/Preserves/a/High-And-Low-Pectin-Fruit.htm
www.foodtimeline.org/foodcandy.html#jellyjam
www.geniusofdrinking.com/drinking-101/vodka/trivia.html
www.huffingtonpost.co.uk/2011/12/06/our-christmas-dinner-takes-10-months-to-grow_n_1131850.html

www.ifr.ac.uk/science-society/spotlight/apples/
www.instantnoodles.org/report/index.html
www.jewishquarterly.org/issuearchive/articledadf.html?articleid=210
www.kitchenproject.com/history/sourdough.htm
kobikitchen.wordpress.com/2013/05/05/types-of-ramen/
www.livestrong.com/article/350652-percentage-of-water-in-fruits-vegetables/
www.lovepotatoes.co.uk
www.luckypeach.com/a-guide-to-the-regional-ramen-of-japan/
www.madehow.com/Volume-2/Tofu.html
www.msc.org/cook-eat-enjoy/fish-to-eat
www.nationalchickencouncil.org
www.nordicfoodlab.org
www.nourishedkitchen.com/how-to-make-a-sourdough-starter/
www.nutracheck.co.uk/media/docs/Christmas_day_the_naughty_way.pdf
www.nytimes.com/2003/12/31/dining/was-life-better-when-bagels-were-smaller.html
www.philadelphia.co.uk/Brand/History
www.saltassociation.co.uk/education/salt-health/salt-function-cells/
www.seriouseats.com/2013/09/the-serious-eats-guide-to-ramen-styles.html
www.soya.be/what-is-tofu.php
www.soyatech.com/soy_facts.htm
www.soyconnection.com/soy_foods/nutritional_composition.php
www.statista.com/statistics/279556/global-top-asparagus-producing-countries/
www.statista.com/statistics/268227/top-coffee-producers-worldwide/
www.telegraph.co.uk/men/the-filter/qi/8258009/QI-Quite-interesting-facts-about-the-cold.html
www.theguardian.com/science/blog/2013/oct/03/science-magic-jam-making
www.saffron.com/what.html
www.theguardian.com/science/blog/2010/aug/23/science-art-whisky-making
www.tea.co.uk
www.tea-info.co.uk
www.theatlantic.com/business/archive/2014/01/here-are-the-countries-that-drink-the-most-coffee-the-us-isnt-in-the-top-10/283100/
www.thewhiskyexchange.com
www.vegsoc.org
www.vodkafacts.net
www.vinepair.com
www.washingtonpost.com/blogs/wonkblog/wp/2014/08/06/the-rise-of-the-american-almond-craze-in-one-nutty-chart/
www.whisky.com
www.en.wikipedia.org/wiki/List_of_countries_by_apple_production
www.ricepedia.org/rice-as-a-crop/rice-productivity
www.en.wikipedia.org/wiki/Rice#cite_note-1
www.en.wikipedia.org/wiki/Tomato
www.winefolly.com
www.world-foodhistory.com/2011/07/history-of-pancakes.html
www.winemag.com
www.wineware.co.uk
www2.ca.uky.edu/enri/pubs/enri129.pdf

謝　辞

———

　私は日々物書きとして暮らしていますが、本を出版できるのは信じられないくらい特別なこと。何もかもがネット上にあり、書かれたものがすぐに忘れられてしまう時代に、なお実際に手に取って、触れ、匂いを嗅ぎ、インテリアにもなる本、そしてもちろん実際に読める本を出版できるのは、本当にすばらしいことです。このチャンスをいただいたことに一生分の感謝を捧げます。

　まず画期的なアイデアを提案し、私を信頼し、援助し、やる気にさせてくれたメリッサに感謝したいと思います。それとともにお詫びもしたい。ストレスを与えて本当に申し訳ありませんでした。そして美しいイラストレーションで私の言葉を引き立て、常に変わらぬ明るさで元気づけてくれたヴィッキにも感謝です。カレンとロブには、ゴールまで引っ張ってくれたことを、ジョン、ジェス、ベンには、専門分野で大変お世話になったことを感謝しています。

　それからこの1年間私に辛抱してくれた人々にも。同居人のケイトは女房役で最良の友。私のめんどうを見て、食事をすべて作ってくれました。親友のメグ、ロージー、サム、メアリは、絶えず励まし、助け、食べ物や飲み物を差し入れてくれました。おろそかにしてしまった仕事仲間には、お詫びしたいと思います。

　愛する両親には、私を誇りに思ってほしい。そしてルーキー、一貫して無関心でいてくれたことにありがとうと言いたい。私にとって特別な存在の熊とハチドリにも。

目次

畑から

農場から

海から

リンゴ：禁断の果実、神話の果実 12
核果(かっか)：さて取り合わせは？ 14
レモン：きれいに、かっこ良くキメて 16
トマト：果物？ それとも野菜？ 18
アボカド：鰐梨(わにな) 20
トウガラシ：スコヴィル辛味単位 0から1,569,300まで 22
ズッキーニ：園芸家の友 24
ナス：お坊さんが気絶した 26
キャベツ：アブラナ属の定番 28
豆：豆あれこれ 30
カボチャ：畑からパイへ 32
ビート：何もかもがバラ色に 34
アスパラガス：おいしい茎 36
ニンニク：全能のネギ属 38
ジャガイモ：人気者 40
キュウリ：サミュエル・ジョンソンはまちがっている 42
タマネギ：縁の下の力持ち 44
キノコ：植物でも動物でもない 46
ハーブ：育ててみて 48
ナッツ：スナックからチーズまで 50

牛肉：ちがいがわかる？ 54
鶏肉：反則プレイ(ファウル)ならぬ鶏肉プレイ 56
ラム：御しやすい 58
ソーセージ：ビッグ・バンならぬビッグ・バンガー（大ソーセージ）理論 60
肉加工食品：すばらしい風味 62
血液：卵の代わりに？ 64
昆虫：死ぬまでに試してみて 66
ミルク：牛乳からラクダの乳まで 68
バター：バター派の楽しみ 70
チーズ：ゴーイング・オール・ザ・ホエー（ウェイ） 72
卵：ソース(sauce)のソース(source) 74
ハチミツ：小さじたった1/12杯 78

魚の切り身：おろして皮を引く 82
魚以外の海の生物：海の幸は食の幸 86
サケ：魚の王 88
海藻：ためらわずに 90
魚を変えてみる：魚料理を進化させる 92
持続可能性：イエスかノーか 94

戸棚から

食卓から

バーから

塩：地の塩	100
砂糖：食物界の新たな問題児	102
穀粉：その力	104
オリーヴオイル：地中海人の元気のもと	106
醤油：アジアの調味料	108
サフラン：世界一高価なスパイス	110
トリュフ：フェロモンのにおい	112
米：世界の糧	114
麺：うどんから春雨まで	116
パスタ：ラザーニェからリングイーネまで	118
豆腐：肉なしで	120
レンズ豆：豆知識	122
サワードー：天然酵母のパンを	124
パン：干からびたパンを救う法	126
ベーグル：全真相	128
ペストリー：脂肪の出番（太るチャンス）	130
チョコレート：豆からチョコレート・バーへ	132
アイスクリーム：目に見えない材料	134
ジャム：手作りを	136
ホムス：宗教も国境も越えるディップ	138
ビネグレット：バランスが決め手	140
ペスト：世界中に	142

点心：お茶を飲みながら	146
サンドイッチ：バーガーを凌ぐ	148
ファラフェル：肉を捨てよ	150
ラーメン：進化し続ける麺	152
バーガー：ファスト・フードの元祖	154
サラダ：建材とセメントと土台	156
ピザ：ルーツは古代に	158
グリーン・タイ・カレー：ピリ辛に	160
パスティ：地理的表示保護	162
鮨：にぎりと巻き	164
シチュー：鍋の中で溶け合って	166
パイ：とんでもないディナー	168
クリスマス：暴食のランチ	170
パンケーキ：高く積んで	172
マカロン：モンスター攻略	174
パブロバ：オーストラリアの誇りで喜び	176
ティラミス：「私を元気づけて」	178
ドーナツ：食物界のダース・ベイダー	180
クッキー：ベストセラー	182
ヴィクトリア・スポンジ・ケーキ：ケーキの基本	184

コーディアル：水をおいしく	188
茶：そのすべて	190
コーヒー：毎日挽いて	192
ビターズ：その真実	194
ビール：パイント・グラスで	196
シードル：リンゴの風味	198
シャンパン：すてきな発泡酒	200
ワイン：食事の友	202
カクテル：心そそる 12 種	204
ジン：ジン横丁	206
ウイスキー：完璧なるひと口を求めて	208
ウオッカ：氷のような一杯	210

他に

変換チャート：基本的早見表	214
ディナー	216
旬を食べる	218
刃物について	220
五つの味	222

食のインフォグラフィック

ローラ・ロウ

　数年前あるインフォグラフィックを見つけた。私たちが日々ソーシャルメディアだけで285件にも達する情報を消費していると推定するもので、なるほどと思った。目が覚めるとまずツイッターのチェック。仕事へと向かいながらメールを読み、最初のお茶を淹れる前には、トップニュースをスキャンしている。私の生活は情報の消費、そして食物の、たくさんの食物の消費がすべてと言ってもよい。

　私はフードライターで、何よりもまず情報に飢えている（正直なところ、究極のチーズ・トーストの作り方とか）。だからインフォグラフィック――凝縮され視覚的に表された情報――はいつも魅力的だった。調べるのに何時間もかかるような統計データや事実、題材をすばやく容易に（おまけにしばしばもっとおもしろく）消化することができる。情報がいきなりやすく把握できるのだ。

　ということでインフォグラフィックとはそもそもどういうものか？　それはこの本について友人や家族に説明するときに一番多く受けた質問で、私はまるでこの1年間隠れていた場所を明かすかのように答えてきた。それは文字通りシンプルで、図で表された情報である。私たちは気になるテーマについて、分厚い本を読んでいる暇はない。私たちはすべてを知りたい。そして今すぐに効率よく知りたい。そこでインフォグラフィックの出番となる。大きなテーマを解体し、わかりやすく理解しやすいものにしたもの。他の誰かがあなたのためにめんどうな仕事はすべて引き受けてくれたのだ。

　ひげの形、ダンテの『神曲』地獄篇に登場する地獄、ビスケットがお茶に浸せるかどうかについてのインフォグラフィックがある。インフォグラフィックについてのインフォグラフィックさえある。しかし本書はおいしい料理を作り味わうためのイラストレーション集。ご覧のとおり食物についてのインフォグラフィック集で、世界中の食材から料理に至るまでの味を探求したものである。

　イラストレーションの食物は、バーガーのように大衆的だろうと、クリスマス・ランチのように伝統的だろうと、あるいは塩のように社会的に重要なものだろうと、どれも世界的なつながりのあるものを選んだ。またそれらの食物を簡単に見つけられるカテゴリーに分類した。まず大地や樹木から収穫される「畑から」、そして「農場から」あるいは「海から」得られる食材。

　「戸棚から」では皆さんお気に入りの貯蔵食品、そして「食卓から」では試していただきたい料理や菓子を取り上げた。「バーから」では、ビール、シードル、ワイン、茶、コーヒー、コーディアルから最近人気が復活してきたジンまで、世界でもっとも重要な飲み物についてもざっと触れている。さらに「その他」では、熱心な料理人、あるいは食べる人、あるいはその両者にとって知っておくべきことを挙げた。レシピを読むときに必要な換算、アスパラガスの旬の時期、台所に必要な刃物などのお役立ち情報である。

　フローチャートと円グラフ、ベン図［複数の集合の関係や集合の範囲を視覚的に図式化したもの］とレシピ。ひとつひとつの手順とタイムライン、スパイダー・ダイヤグラムと実際のクモ（なんと食べる人々もいる！）。ソーセージのソーラー・システムさえある。腰を下ろしてすべてを一気に読み、どれもこれも次々に呑み込んでいくこともできるし、スペインの小皿料理タ

パスと極上のシェリー酒がテーブルいっぱいに並んでいるときのように、あちこち拾い読みして、友人と情報交換もできる。

本書は出発点にして、グルメになりたい初心者向けのガイド。食欲をそそり、もっと学びたいという意欲を高める突き出しのおいしいひと口である。眠れないときにはベッドのそばに置いてほしい。(何と言ったって羊は、数えるより食べる方がずっといい)。コーヒーテーブルに置けば、友人の知識を試すこともできる。気晴らしになり、退屈しのぎになる。さらに贈り物にしてもいい。結局のところ私たちはみな食べるのだ。

本書は、私に限って言えばとっくによく知っていると思っていたことの特訓コースだったが、食物に関するすばらしい内容になった。常に取り上げるべき新しい情報があり、学ぶべき技術があり、あるいは発見すべき歴史があった。革新と創造と色彩の世界である。

おかげでサウス・ウェスト・イングランドにおける受賞歴あるフード・マガジン編集者として100万倍もよい仕事ができたし、ますますやる気にもなった。インターネットで検索し、手持ちの料理書の山を探し回り、大学生のときよりももっと足繁く図書館に通った。記事に関しては、できるだけ信頼できるものにしようとしたが、私という人間の味も感じていただけたら嬉しい。食物は厳粛なあるいは立派なものである必要はなく、おもしろく、楽しむべきものである。

楽しく読んでください。愛すべき食物に関する情報が詰まったこの本を私が楽しんで書いたように、皆さんにも楽しんでいただければ幸いです。

さてよろしければ、そろそろディナーの準備をしなければならないので…

本書執筆にあたり1年間に食べたり飲んだりしたのは…

ビスケット 1,148枚

お茶 1,095杯

ダイエット・コーク 372缶

マカロン 79個
(完璧なのは12個で、残りは問題外)

チェダー・チーズ 41片

ジン・トニック 200杯

フィッシュ・フィンガー
・サンドイッチ 6個
[細長く切った魚のフライが挟んである]

シラチャソース
3本
[タイやヴェトナムのチリソース]

お祝い用のシャンパン 1本

以上

畑から

1個のリンゴが腐って
エチレン・ガスが出ると
1樽全部がダメになる

リンゴはバラ科

畑 から
―

リンゴ：禁断の果実、神話の果実

　果物の定番で、1日1個食べれば医者いらずと言われているつつましいリンゴは、歴史の中ではかなり重要な役割を果たしている。エデンの園ではイヴの心を惹きつけた禁断の果実。ギリシア神話や古代スカンディナヴィア神話の多くでは愛、豊穣、若さの象徴。そしてアイザック・ニュートンはリンゴが落ちるのを見て、万有引力の法則を発見した。

　温帯や亜寒帯でよく育ち、赤、黄、緑の実がなる。オーストラリアではもっとも一般的な食用リンゴの数種、甘いピンク・レディー（クリプス・ピンクとしても知られている）から緑色で酸味が強くサクサクしたグラニー・スミスまでが生産されている。一方イギリスでだけ栽培されているのが料理用リンゴのブラムリー。糖分にくらべてリンゴ酸の濃度が高く、料理の後にも酸っぱいリンゴの強い香りが残る。

　形は丸いもの、平べったいもの、細長いもの、尖ったものがあり、一般的には柔らかい白い果肉を持つ。例外は現代ドイツの品種、ティクルド・ピンクとしても知られるバヤ・マリサで、果肉が赤いのが印象的。最近開発された「パップル」は混同しないように。ニュージーランドの栽培家によって2012年に現れ始めたものだが、実はヨーロッパとアジアのナシをかけ合わせたもので、リンゴとは関係ない。

レモン果汁で
酸化（果肉が茶色くなる）
を防げる

食べて飲んで

焼きリンゴ、リンゴ・バター、
クランブル、チップス、
ケーキ、カクテル、干しリンゴ、
塩漬け、ガレット、ゼリー、
ジュース、パイ、ピューレ、
甘煮、飴、酢

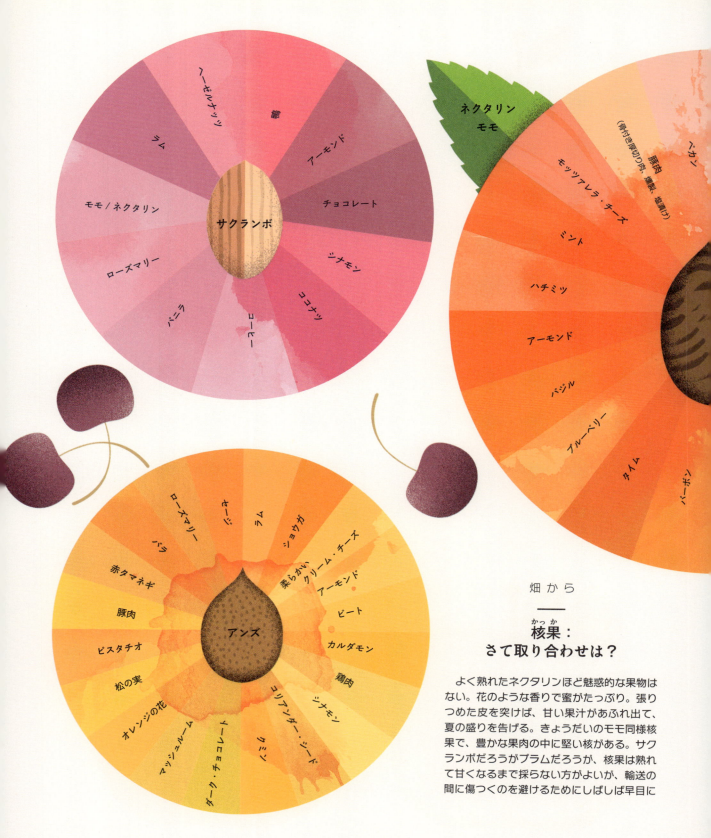

畑 から

核果：さて取り合わせは？

よく熟れたネクタリンほど魅惑的な果物はない。花のような香りで蜜がたっぷり。張りつめた皮を突けば、甘い果汁があふれ出て、夏の盛りを告げる。きょうだいのモモ同様核果で、豊かな果肉の中に堅い核がある。サクランボだろうがプラムだろうが、核果は熟れて甘くなるまで採らない方がよいが、輸送の間に傷つくのを避けるためにしばしば早目に

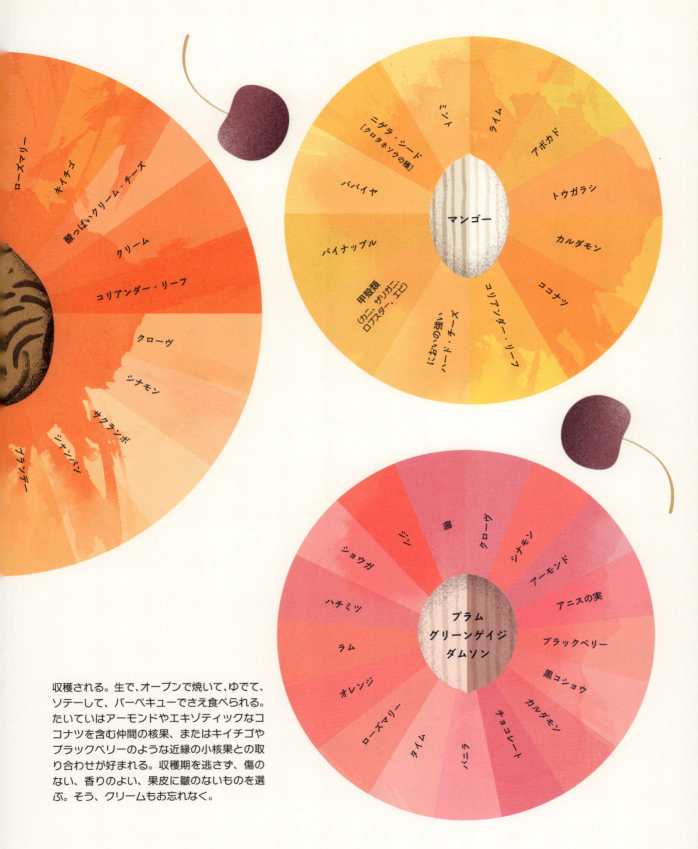

収穫される。生で、オーブンで焼いて、ゆでて、ソテーして、バーベキューでさえ食べられる。たいていはアーモンドやエキゾティックなココナツを含む仲間の核果、またはキイチゴやブラックベリーのような近縁の小核果との取り合わせが好まれる。収穫期を逃さず、傷のない、香りのよい、果皮に皺のないものを選ぶ。そう、クリームもお忘れなく。

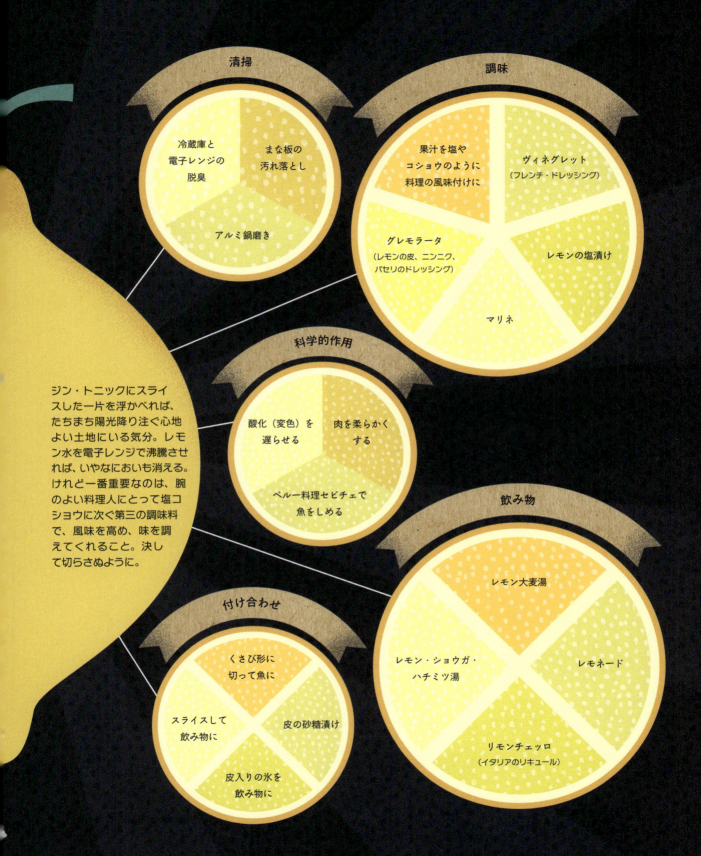

清掃
- 冷蔵庫と電子レンジの脱臭
- まな板の汚れ落とし
- アルミ鍋磨き

調味
- 果汁を塩やコショウのように料理の風味付けに
- ヴィネグレット（フレンチ・ドレッシング）
- グレモラータ（レモンの皮、ニンニク、パセリのドレッシング）
- レモンの塩漬け
- マリネ

科学的作用
- 酸化（変色）を遅らせる
- 肉を柔らかくする
- ペルー料理セビチェで魚をしめる

付け合わせ
- くさび形に切って魚に
- スライスして飲み物に
- 皮の砂糖漬け
- 皮入りの氷を飲み物に

飲み物
- レモン大麦湯
- レモン・ショウガ・ハチミツ湯
- レモネード
- リモンチェッロ（イタリアのリキュール）

ジン・トニックにスライスした一片を浮かべれば、たちまち陽光降り注ぐ心地よい土地にいる気分。レモン水を電子レンジで沸騰させれば、いやなにおいも消える。けれど一番重要なのは、腕のよい料理人にとって塩コショウに次ぐ第三の調味料で、風味を高め、味を調えてくれること。決して切らさぬように。

切る
よく切れる鋸歯のナイフあるいは
セラミック・ナイフで。
皮をむいてざく切りに、
種を取って、きれいな賽の目に

保存
20-26°C
の室内で
（冷蔵庫には
入れない）

皮むき
おしりに十文字の切り目をつけ、
10秒から20秒ほど熱湯に入れ、
水気を切って冷水に浸し、
皮をむく

買う
生、缶詰、ペースト、
*パサータ、ジュース
*イタリア料理に使うトマトピューレ

畑から
———

トマト：果物？
それとも野菜？

　トマトは16世紀頃にやっと地中海沿岸にお目見えした新顔なのに、今やイタリア料理には不可欠。その事実こそが途方もなくすばらしい風味と万能性の証。

　野菜ではないのに、野菜のように扱われているこの人気の果実は南米生まれで、スペイン人によってヨーロッパにもたらされた。ナス、トウガラシ、ジャガイモと同じくナス科に属し、今では世界の野菜生産量のほぼ15％を占める立役者。

　実際多くの国の1日はトマトで明け、トマトで暮れる。スペイン北部のカタロニアの人々はトーストにニンニク、トマト、オリーヴオイルを加えたものを朝食に。他の国でもメキシコのウエボス・ランチェロスからイスラエルのシャクシュカまで、卵をトマトソースで調理する。温かいクリーム・スープから冷たいガスパチョまで、スープにも好まれる。1920年代パリの古典的なカクテル、ブラディ・メアリーのように、酒に入れられることも。ブラディ・メアリーは、トマト果汁、ウオッカ、塩、コショウ、ウースターソースで作る。おろしワサビとライムも加えて、最新のものもお試しあれ。

　けれどもトマトがもっとも幅を利かせているのは、典型的なイタリアのソース。つまりトマトをニンニクやハーブと煮詰めたもので、パスタやピザに用いる。

アボカドの葉には
アニスの風味があるので、
しばしばメキシコ料理に使われる

メキシコはアボカドの
最大の生産国で輸出国

1g当たりのカリウム
の量がバナナより

12.5%
も多い

1本の木に年間最大
500 個の実がなる

でこぼこの緑色の皮から
「鰐梨」、
非常になめらかな果肉から
「バター・フルーツ」
とも呼ばれる

熟れたものは触ると
柔らかいが、
へこんだり傷がついたり
してないものを

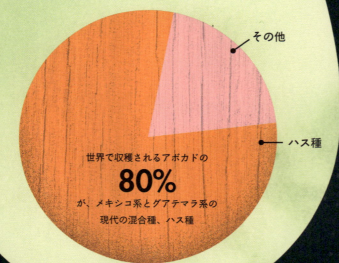

その他

ハス種

世界で収穫されるアボカドの
80%
が、メキシコ系とグアテマラ系の
現代の混合種、ハス種

3
系統

メキシコ系
もっとも脂肪が
多く、葉にアニスの
香りがあるので、
ソースやディップ
に最高

グアテマラ系
丸みを帯び、
皮はざらざらして
分厚い

**西インド
諸島系**
もっとも大きく
わずかに甘い。
脂肪が少なく
サラダ向き

畑から

アボカド：鰐梨(わに)

コロンビアの道で 100 人に出会えば、そのうち 5 人は熟れた濃緑色のアボカドを荷馬車に積んで売っている。この国ではこの果実（そう、果実です。クスノキ科でシナモンやゲッケイジュの親類）を、米や肉からチップスやサラダまであらゆるものとともに、またはスライスしてサンドイッチに入れて食べる。

もともと 3 系統があったが、今では 1000 種以上の品種がある。形はリンゴのように丸く膨らんだものや、ナシのように細長いベル形があり、大きさはプラムから人の頭まで、色は黄緑から紫、黒まで。

クリーミーでほとんど味がないので、シンプルにライムや塩、トウガラシと食べるのが一番。煮ると苦くなることがあるので、生の方がよい。もっとも有名なアボカド料理はメキシコのディップ、グアカモーレだが、この果実はブランチのスーパー・ヒーローで、ランチのチャンピオンでもある。私の今のお気に入りは、イングリッシュ・マフィンにグリルしたチーズを置き、その上に炒めたチョリソ、クリーミーなハス種のアボカド、ポーチトエッグを載せ、シラチャソースをかけたもの。食物繊維（たいていの果物より多い）、カリウム、ビタミン C、E、K に富み、生サーモンの倍近い「体に良い」一価不飽和脂肪が含まれている。

縦に切る

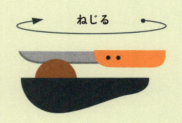
ねじる

スライスする、すくう

料理

カリフォルニア・ロール
（カニ、キュウリ、アボカドの裏巻き鮨）

グアカモーレ
（トウガラシ、コリアンダー、ライム、トマトと作るディップ）

冷たいスープ
（キュウリ、強い風味のヨーグルトか
*バターミルク、ディルと作ると特によい）

甘い物

ジュス・アルプカット
（インドネシアのミルクセーキで、コーヒーやチョコレート・シロップを入れることもある）

砂糖を振りかけて
（ブラジル人のお気に入り）

チョコレート・ムース
（**ローフード愛好家に人気。乳製品の代わりにアボカドと生のカカオあるいはココア・パウダーで）

*クリームからバターを作った残りの液体
**食材の栄養素を壊さないようになるべく生に近い状態で食べる健康食

トウガラシの タイプ	スコヴィル 辛味単位
純度 100 の*カプサイシン	16,000,000
警察の催涙スプレー	5,300,000
キャロライナ・リーパー	1,569,300
トリニダード・スコーピオン	1,463,700
ブート・ジョロキア	1,041,427
ドーセット・ナーガ	923,000
レッド・サビナ・ハバネロ	250,000 - 577,000
チョコレート・ハバネロ	200,000 - 385,000
スコッチ・ボンネット	150,000 - 325,000
オレンジ・ハバネロ	150,000 - 325,000
ファタリ	125,000 - 325,000
デビルズ・タング	125,000 - 325,000
熊鷹	125,000 - 150,000
ダチル	100,000 - 300,000
バーズアイ	100,000 - 225,000
ジャマイカン・ホット	100,000 - 200,000
バハミアン	95,000 - 115,000
タビチェ	85,000 - 115,000
テピン	80,000 - 240,000
ハイメン	70,000 - 80,000
チルテピン	60,000 - 85,000
タイ	50,000 - 100,000
八房（やつふさ）	50,000 - 75,000
ピキン	40,000 - 58,000
スーパー・チリ	40,000 - 50,000
三鷹（さんたか）	40,000 - 50,000
カイエンヌ	30,000 - 50,000
タバスコ	30,000 - 50,000
アヒ	30,000 - 50,000
ジャロロ	30,000 - 50,000
デ・アルボル	15,000 - 30,000
マンツァノ	12,000 - 30,000
ヒダルゴ	6,000 - 10,000
プーヤ	5,000 - 10,000
ホット・ワックス	5,000 - 10,000
チポトル	5,000 - 8,000
ハラペーニョ	2,500 - 8,000
グアヒーヨ	2,500 - 5,000
ミラソル	2,500 - 5,000
ロコティーヨ	1,500 - 2,500
パシーヤ	1,000 - 2,000
ムラート	1,000 - 2,000
アンチョ	1,000 - 2,000
ポブラーノ	1,000 - 2,000
エスパノーラ	1,000 - 2,000
プッラ	700 - 3,000
コロナード	700 - 1,000
ナメックス・ビッグ・ジム	500 - 2,500
サングリア	500 - 2,500
アナハイム	500 - 2,500
サンタ・フェ・グランデ	500 - 750
エル・パソ	500 - 700
ペペロンチーニ	100 - 500
チェリー・ペッパー	0 - 500
ピーマン	0
パプリカ	0

*トウガラシの辛味成分

鳥は辛いのも平気なので、鳥の餌をリスに狙われないようにするには、餌にチリパウダーを入れるとよい

畑から

トウガラシ：スコヴィル辛味単位 0 から 1,569,300 まで

　熱効果は非常に少ないのに、これほど刺激の強い食物はほとんどない。トウガラシは何千年にもわたって栽培され、クリストファー・コロンブスによってヨーロッパに持ち込まれたが、今では世界中の多くの料理と文化に欠かせない。たとえば西インド諸島のジャーク・チキンのフルーティーな辛さ、メキシコのモーレ・ポブラーノのスモーキーな刺激、あるいはスペインのチョリソに使われるパプリカの甘くてスパイシーなアクセント。

　しかしもちろんトウガラシにはさまざま品種があり、あらゆる形（ベル、ボンネット、魔女の指、修道士の帽子）、触感（なめらか、しわしわ）、色（赤、黄、緑から紫、黒、茶まで）が見られるが、たぶんもっとも多様なのはその辛さで、唇が少しピリッとするハラペーニョから、口の中が焼けるようなドーセット・ナーガ他までである。

　実際トウガラシは五つの主なタイプに分類できる。アンヌーム種はもっとも広く栽培され、カイエンヌ、ハラペーニョ、ピーマン、パプリカなどもっともよく知られている種を含み、一重の（たいてい白い、あるいは紫を帯びた白い）花をつける。シネンセ種のトウガラシには、例を挙げればスコッチ・ボンネット、レッド・サビナ、ハバネロなどもっとも辛いものがあるが、トリニダード・パフュームのように奇妙にマイルドな変わり種もある。しかしどちらも明らかにフルーティーなほとんどアンズのような香りを持ち、しばしば小さくてランタンのような丸い形をしている。

　バッカトゥム種は、花びらに茶色あるいは緑色の斑点があり、多くの場合波打つユニークな形をしているが、アフリカ料理で一般的なフルテスケンス種は、まっすぐで小さく、よく知られているのは、タバスコ、ピリピリ、バーズアイ。ブベスケンス種は少ししか栽培されていないが、種子が黒く、葉が毛で覆われ、多肉で、ちょっとしたはずみで小さなリンゴくらいの大きさになることもある。

　しかしどのトウガラシにも辛味成分のカプサイシンが含まれる。1912年アメリカの薬剤師ウィルバー・スコヴィルは、トウガラシの溶解物を砂糖水に溶かして味覚テストを行い、スコヴィル辛味単位（SHU）を考案した。けれども今日では辛さを記録するのに、高性能液体クロマトグラフィー（HPLC）が用いられている。

畑から

ズッキーニ：園芸家の友

台所の窓辺のハーブが野菜栽培のよちよち歩きとすれば、ズッキーニは初めてのバイクのスタビライザー（安定装置）のようなもの。最初の柔らかい新芽が出れば、ある程度の世話はいるものの、かなり放ったらかしですむ。おまけに一度成長を始めればしめたもの。止まることはない。

カボチャやメロン同様キュウリの親類。今日のズッキーニは、たいがいイタリアで開発されたものだが、実際にはこの1世紀他の国、とくにイギリスやアメリカで好んで食べられている。

ズッキーニは黄色や緑、あるいは縞模様。8㎝になるかならずでもう食べられるが、20㎝くらいが一番おいしい。それより大きくなると水っぽくなって繊細な風味がなくなる。地中海の味（トマト、ニンニク、タマネギ、レモン）やハーブ（バジル、オレガノ、タイム）となじみがよく、スパイスがよく効くので、どんな料理にもうってつけ。カレーに、スライスして炒めものに、あるいはニンニク・バターをたっぷりつけて。この場合もしゆでるとしても、決してゆですぎないように。できる限りシャキシャキしたままを！

黄色い花も食べられるが、ズッキーニをもっと成長させたければ、花柄についている雄花だけを。250ｇのリコッタ・チーズ、75ｇの匂いの強いハード・チーズのすりおろし、レモン1個分の皮、レモン果汁大さじ1杯、干したトウガラシのフレーク大さじ1杯、生のパセリとミントを細かく刻んだもの手のひら1杯を混ぜ合わせて詰め、150ｇのベーキングパウダー入りの小麦粉、50ｇのトウモロコシ粉、250㎖の氷のように冷たいソーダ水で作った衣（ダブル・クリーム［乳脂肪濃度約48％のこってりしたクリーム］の固さ）をつけて、全体がこんがりと膨らむまで180℃の植物油で揚げる。油を切って、アツアツを召し上がれ。

おろして
固めの塩味のパンケーキのたねに、おろしたズッキーニ、細かく刻んだ生のミント、砕いた*フェタ・チーズを加える。少量のオリーヴオイルあるいはナタネ油で揚げ焼きし、ギリシア・ヨーグルトと供する

皮むきで
生のズッキーニを皮むきで長いリボン状にし、グラナ・パダーノ［ポー川流域のハード・チーズ］を削ったものと、半分に切ったチェリー・トマト、生のバジルの葉を裂いたもの、赤トウガラシのスライス、レモン果汁、そしてコリアンダー・リーフを浸したオリーヴオイルかナタネ油とともに

スライスして
スライスしたズッキーニ、トマト、赤タマネギ、ニンニク、オリーヴオイル、生のタイム、チェダー・チーズのおろしたものを重ねて熱いオーブンに入れ、柔らかくなり、香ばしく焦げ色がつくまで焼く

らせん切りにして
生のズッキーニを**スパイラライザーを使って長いひも状に、あるいは包丁で千切りに。生のバジルを使ったペスト（p142 参照）あるいは***ロメスコ・ソースをかけて

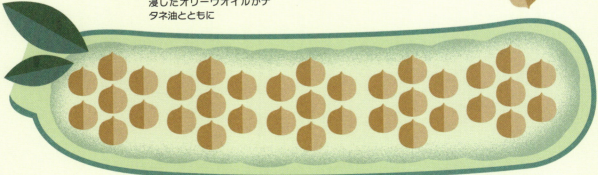

詰め物をして
大きな育ちすぎたズッキーニの種を取り除き、****ラセラノで味付けした豚挽き肉（あるいはベジタリアンならヒヨコ豆）を詰めて、中火のオーブンで柔らかくなるまで焼く

*羊または山羊の乳から作り、塩水で保蔵するギリシアの固い白いチーズ
**野菜を細長く、らせん状にカットできる調理器具
***スペイン料理で用いられるニンニク、オリーヴオイル、ナッツ類などを材料にしたソース
****北アフリカからフランスで使われているミックス・スパイス

もし脂っこいのが嫌いなら、
スライスに油を塗って、
炒めずに網かオーブンで
焼いてみて

アジアの
カレーには
*マクアプオン
が最適

*タイ原産。
グリンピースくらいの
大きさで緑色のナス

オリーヴオイルと
ナスは永遠の友

　火を通すとナスの多孔質の果肉は自然に柔らかく滑らかになり、ディップにはおあつらえ向き。動物性の脂肪を使わずにすむので、完全菜食主義者に人気がある。さまざまなナスの「キャヴィア」があるが、もっとも有名なのはレバントのババ・ガヌーシュ。

　バーベキューの熱い炭火で、あるいはガスの火で丸焼きにして煙の香りをつけ、果肉をすくい出して、刻んだニンニクとともにつぶす。レモン果汁、塩、コショウで味付けする。タヒニ［中東料理で使われるゴマのペースト］、ギリシア・ヨーグルト、レブネ［ヨーグルトから作ったチーズ］、そしてオリーヴオイルも加えることができる。あるいはコロンビア人のように、料理用バナナと一緒につぶしてピューレ、バランキージャ風ボロニアにすることもできる。セルヴィア人は炒った赤パプリカを混ぜてアイヴァルというペーストを作る。

ナスには強い風味が合う！
バターミルク、味噌、
羊のチーズ、**タマリンド
またはヨーグルトと
お試しあれ

**マメ科の常緑樹
の果実で、
酸味が強い

日本や中国の
細長いナスには
種が少なく、
丸く膨らんだもの
より苦みが少ない。
強火ですばやく
炒めるのが一番。

イタリアでは、濃厚なトマトソース、糸を引くモッツァレラ・チーズと刺激の強いパルメザン・チーズとともにオーブンで焼いてパルミジャーナ・ディ・メランザーネを作るのが好まれる。

スペイン人はスライスして炒めタパスにする。

ギリシア人は、スライスして、挽肉、シナモン、クリーミーな卵たっぷりのベシャメルソースと重ね焼きしてムサカにするのを好む。

トルコの料理ではとても重要。もっとも名高い料理のひとつは詰め物をしたナスでイマム・バユルドゥと呼ばれる。名前の意味は「お坊さんが気絶した」。気絶したのはおいし過ぎたからとか、オリーヴオイルの費用がかかり過ぎたからとか言われている。それはともかく飴色に炒めたタマネギ、ニンニク、トマト、パセリ、オリーヴオイルとのおいしい組み合わせで、室温で供する。

さまざまなナスのシチューがある。果肉は何と合わせてもその風味を吸収する。プロヴァンスのラタトゥイユ、スペインのピスト［ラタトゥイユのような料理］から北インドのバルタ［ナスをタンドールで焼いた後、皮をむいて荒くつぶし、ショウガ、ニンニク、タマネギ、トマトなどを軽く炒め煮にしたものに和えた料理］、シチリアの甘酸っぱいカポナータ［揚げナスの甘酢煮］、あるいは四川省の挽肉を使う麻婆ナスまで。

● 丸ごとオーブンで
● 焼くときには、
● 破裂しないように、
● 突いておく

畑から

ナス：お坊さんが気絶した

　同じナス科にはトマト、ペピーノ、ジャガイモも含まれる。色は黒、紫、白、緑で、実際には野菜ではなくベリー（液果）。

　私たち人間同様、時の経過とともに苦くしわしわになるので、熟れたてで新鮮なものがよい。ずっしりと重く、身が引き締まり、皮が張りつめ、つやつやして傷のないものを選び、料理の直前に切ること。さもないと柔らかい果肉が変色する。

　伝統的な料理法では、苦みを取り除くために、調理する前に塩を振って、ゆすぎ、水気を切るが、現代の種では必要ない。塩を振ると調理の間の脂肪の吸収を抑えるという意見もあるが、よいナスを選べば問題ない。

　料理は作るにも食べるにも忍耐が肝心。おいしく食べるには、生煮えは禁物。熱すぎるのも困りものだが、温かいうちにどうぞ。

畑から

キャベツ：
アブラナ属の定番

刻んでアメリカのコールスローサラダに、塩漬けにしてドイツのザウアークラウトに、あるいはルーマニア人のように豚挽肉を包んでキャベツ巻きに。キャベツは世界中で愛されている反面、嫌われてもいるのは、硫化ジメチルが原因。

それはイギリスの多くの学校のホールに漂っているような不快な臭いのする化合物で、長く煮るほどひどくなる。このアブラナ属の最古参を料理する、そしてその臭いを最小限に抑えるコツは、すばやく料理すること。長く煮る代わりに、蒸すか蒸し焼き（フライパンか中華鍋の底に少量の水を入れて）にする、あるいは油ですばやく炒めれば、木の実のような香ばしい風味が加わる。

もともとの野生キャベツはケールに似ており、健康に良く二日酔いを防げるので、古代エジプト、ギリシア、ローマの時代から重んじられてきた。今日では世界中でさまざまな形状のキャベツが食べられている。赤（実際には濃紫）、白、そしてさまざまな色合いの緑、丸いもの、円錐状のもの、一本の茎にいくつも結球するもの、茎が葉のように緑のものなど。どれを選んでも調理はやさしい。堅い、あるいはしなびた外側の葉を取り除き、必要に応じてスライスしたり、すりおろしたり、巻いたりして調理してみて。

この化合物は、アスパラガス、ビートの根、トリュフ、そして魚介にも含まれているが、キャベツを長時間煮ると、とくに臭う

赤キャベツの紫を保つには、柑橘類の果汁や酢を。さもないと青くなる

コールスロー

＊コルカノン

お好み焼き

＊ゆでたキャベツをマッシュポテトに加えたアイルランドの伝統料理

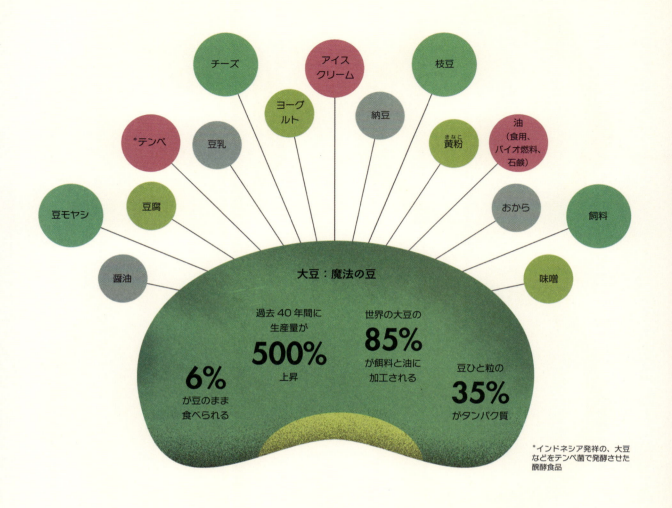

*インドネシア発祥の、大豆などをテンペ菌で発酵させた醗酵食品

畑から
―
豆：豆あれこれ

柔らかく煮られた白い豆、缶詰のトマトソースに入れられた豆、あるいはさやの中の緑色の豆、湯がかれてイワシ、オリーヴ、ゆで卵のスライスとともにニース風サラダで供される豆、そのどれだろうと、豆は最高の食物のひとつ（風味のためだけではない）。

豆の大半はアメリカ大陸原産だが、世界的にもっとも重要なのは中国原産の大豆。「完璧なタンパク質」（健康に欠かせない8種類のアミノ酸すべてを含む）として、とてつもなく栄養価が高く、今日では世界中でもっとも広く栽培されている。日本の枝豆のようにゆでてそのままで、さらにもやしや豆腐としてさえ食べられる。しかしそれらが最高の味というわけではない。太平洋を渡って振り返る必要があるだろう。

ソラ豆は、たとえご存じ数学者のピタゴラスが嫌ったとしても、長年にわたりヨーロッパ人他のお気に入りだった。ふわふわした寝袋のようなさやに心地よく守られている豆は、若いうちは生で、あるいは湯むきしてサラダで食べられる。また干して塩味のスナックに、あるいはエジプトの国民的朝食のフル・メダメスのように、スパイスと煮込むこともできる。生で食べるときは、内側の硬いすべすべした皮もむくのをお忘れなく。

インゲン豆
小さくクリーミーで缶詰のベイクド・ビーンズのスター。スープやシチューにすると風味をよく吸収する

ソラ豆
中くらいの大きさで緑色。さやと皮に二重に包まれている。生でも湯がいても、干してもおいしい。若いマメはクリーミーな山羊のチーズ、キャラウェイ・シード、ミントと和えるとよい

ササゲ
ジャマイカのライス・アンド・ピーズの片割れで、脂っこい豚肉や米とともにアメリカ合衆国南部のホッピン・ジョン［ササゲの炊き込みご飯］にも欠かせない

サヤインゲン
緑色でさやごと食べられる。さっと湯がくかゆでればよい。冷たい、温かい、または熱いサラダにするのが一番。ゆですぎにご注意

*ライ豆
大きくなめらかで柔らかい。ニンニクや木本のハーブとの相性がよい。よくつぶしてジャガイモの代わりに、あるいはベジタリアンのディップとして

*熱帯アメリカ原産で、その後アメリカ全域やインドなどで栽培されている

素麺カボチャ

オーブンで焼いて！　ほぐしてヌードルにして！

ドングリ・カボチャ

詰めものをして！　スライスして！　ローストして！

バターナット

皮をむいて！　ローストして！　リゾットを作って！　スープにして！

畑から

―

カボチャ：畑からパイへ

　季節の変わり目のシンボル、悪霊を追い払う手段で、おとぎ話に登場するパンプキンは、あらゆる冬カボチャの中でたぶんもっともよく知られているが、味は一番だろうか？　キュウリ、ズッキーニ、メロンの親類で、科学的に言えば果実だが、耐寒性のカボチャにはさまざまな形、大きさがあり、色も黒っぽいものから、クリーム色、卵黄のようなオレンジ、モスグリーンまである。アメリカ原産のパンプキンは、同大陸の感謝祭の伝統で重要な役割を果たすことで（体を温める冬のスパイスとともにピューレにし、甘いパイの詰め物に）、あるいは中身をくりぬいてハロウィーンに使われることでおなじみ。ビールやケーキにもなり、あるいはただバターと一緒にすりつぶして食べられる。葉や種すら食べられる。でもカボチャの使い方をご存じだろうか？

―

種は炒って、塩、醤油、スパイスなどで味付けして、おいしいスナックに！

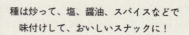

ブルー・ハバード

蒸して！　オーブンで焼いて！　ピューレにして！

カーニバル

スライスして！　ローストして！　すりおろしてケーキにして！

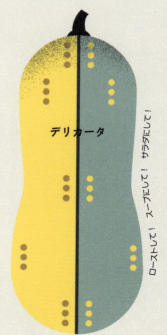

デリカータ

ローストして！　スープにして！　サラダにして！　ピューレにして！

32

畑から

ビート：何もかもがバラ色に

　目を引く野菜が流通している中で、ビートは本当にけなげだ。先祖はヨーロッパからアジアの海岸でいまだに見られる野生のハマフダンソウ。現代の品種は根から葉まで食べられる。色も鮮やかな深紅から黄金色、そして中身が白とピンクの縞になっているものさえある。

　東欧の人々は深紅のビートを好み、同地域でもっとも有名なスープ、ボルシチを作る。ボルシチには熱いのも、冷たいのも、澄んだのも、クリーミーなのもある。ビートの漬物もよく知られておりレバノンではカブとともに漬けるので、カブも赤くなる。イギリスでは伝統的にゆでたビートをスライスして酸っぱい麦芽酢に漬ける。

　しかしビートの人気があるのは、はなやかな色や独特の甘い土の香りのためだけではない。とても体に良いからでもある。最初にその薬効に気づいたのはローマ人だが、強力な酸化防止剤とビタミン類が含まれているので、今日でもなお現代の「スーパーフード」として歓迎されている。ゆでて、オーブンで焼いて、おろして、ローストして、炒めて、あるいは薄くスライスして——ビートを使えば何もかもがバラ色に。

狩りの獲物があれば

ビートの自然の土臭さが、においの強い猟鳥の赤身肉（冷製のスライスならなおよい）、タンやレバーのような臓物やあらにうってつけ

料理してみて！

ビート嫌いの皆さん！　この野菜を好きになるには、まず思い込みを捨てること。ゆでるときはごしごし洗うだけで切らない。皮つきのまま油とスパイスでローストすると、一番風味がよい。生で食べるなら、マンドリーヌ［薄切り、千切りにする調理器具］でスライスするか、おろして。どのやり方でもいいから、とにかく食べてみて！

合うスパイス

トウガラシ、クミン、キャラウェイ、フルーティーなコリアンダー・シード

強い風味を加えて

ビート・サラダに山羊のチーズの砕いたものを加えるのは今日の定番だが、本当は、レブネ、サワークリーム、クレーム・フレッシュ［乳酸菌で発酵させた生クリーム］、バターミルク、ガーキン［西インド諸島に分布するウリ科キュウリ属のつる性植物］、オレンジ、あるいはリンゴでさえ、強い風味のあるものなら何でもいける。酢にも合うか、控え目がよければ麦芽酢の代わりにシェリー酢、赤ワイン酢、あるいはバルサミコ酢で

新芽と葉を食べる

摘み立てなら葉も食べられる。ホウレンソウ同様、若い葉は洗ってサラダに、成長した葉はさっとソテーして

うまくいくまで、やってみて

キャロット・ケーキの嫌いな人はいない。だから同じように甘いビートもおいしいケーキになるのでは？ 多くのケーキ職人がチョコレート・ケーキ、ブラウニー、マフィンの材料にビートを加えてもよいと言うが、土臭くはなる。私はやはり香りのよいマフィンをいただきます

畑の仲間

多くの野菜同様、ビートは畑の仲間と相性がよい。ニンジンやパースニップのような他の甘みのある根菜、ローズマリーやタイムのような木本性のハーブ、あるいは柔らかいディルと組み合わせて。前菜、サラダ、スープでは、辛いホースラディッシュとも好相性

魚と

北欧とバルト海沿岸地方では、ビートとニシン、サバ、サケなど脂の乗った魚との組み合わせを好む。魚の保存食には（あるいはニョッキからパスタ、そしてパンと実際何にでも）ビートを加えるので、みなきれいな紫色になる

35

畑から

アスパラガス：
おいしい茎

　アスパラガスが実際にはどんなにすばらしいものか最初に理解したのは、古代ギリシア人。素早く簡単に調理できて、ビタミンＡ、Ｃ、Ｅから食物繊維、葉酸まで健康の味方が含まれている。アスパラガス祭りが世界中で行われるのも、不思議ではない。

　中国が最大の生産国（第２位のペルーのおよそ20倍）かつ消費国だが、たぶんヨーロッパで一番尊重されている。「根株」を砂地で育てて最初の収穫まで３年かかることもある。食べ頃になれば、手で摘み取る。このおいしい茎は大変貴重。

　味覚の中でもあのもっとも神秘的な「旨味」の例が、緑の、紫の、白の、あるいは野生のアスパラガスのすばらしい風味で、シンプルに扱うのが一番。旬の時期（ふつうは春から夏にかけて）に、新鮮なものを（摘んだらあまりもたない）、理想的にはおいしい脂肪分と。たとえばバターの入ったオランデーズソース［溶かしバターと卵黄を泡立ててレモン汁・塩胡椒を加えたもの］、澄んだオリーヴオイル・ドレッシングと酸味のある熟成したハード・チーズ、あるいはクリーミーなパスタ・ソースなどと。パスタ・ソースの場合には、スモーク・ベーコンの脂身の細切りを入れたり、こんがり焼いたパン粉をかけたりして。

紫のアスパラガス

賢いイタリア人が作り出したこの品種は繊維が少なく、甘味が多い傾向がある。折り取ったら皮むきできれいなリボン状にして、生のままサラダに

緑のアスパラガス

イギリス人のお気に入りで、アメリカ、オーストラリア、中国でも広く食べられている。この太くて丈の高い茎は先が締まっているものを。しっかりした根元から取るためには、やさしく曲げて、自然に折れるところを探す。蒸す、ゆでる、湯がく、あるいは網焼きやバーベキューに。ローストする、炒める、またはソテーする。どんな方法でも素早く。加熱しすぎると自然の甘味が失われる

相性がよいのは？

　　　　　　　　ヘーゼルナッツ　　チーズ　　　醤油　　アンチョビ　　卵

36

— 25CM

大きさは？
条件が整えば24時間で25cmに成長する

白いアスパラガス

ドイツや中部ヨーロッパの多くの国で重んじられる。緑のアスパラガスと同じものだが、日光を当てない（土の中に埋めるか、現代の黒いポリエチレン製ハウスを使う）。だが問題児で、手強いので、料理の前に皮をむく必要がある。味がないので、よく漬物にされる

野生のアスパラガス

生育地は食い意地の張ったグルメによってしっかり守られ、秘密にされている。細くておいしいので、生であるいは湯がいて食べる

エシャロットの球茎

エンドウ豆

スモーク・サーモン

レモン

ソラ豆

オイスターソース

37

畑から

ニンニク：
全能のネギ属

ニンニクは生でも、フレークでも、粉末でも、ペーストでも買える。また収穫したてのニンニクも、さらにクマニラも買える。どう考えても、ネギの世界の大立者だ。生で食べると、パンチが効いてヒリヒリするが、ローストすれば、甘くまろやかになって料理を引き立ててくれる。広く使われていて、世界中の非常に多くの料理の中でこれほど重要な役割を果たしている食材はほとんどない。

けれども人気者のニンニクが決して歓迎されないのは、甘い物の場合である。塩キャラメルはおいしい。キャロット・ケーキはピカー。ベーコン・ブラウニーも、まあ多少は食べられる。でもニンニク・カスタードは？　そんなばかな！　究極のニンニク使用法を学んで、どのニンニクをいつどのように使うかを頭に入れること。

選んで！
ニンニクは何百種もあるが、大まかにふたつの主な種類に分けられる。ソフトネックは育てやすく、もっとも普通に利用できる。ハードネックは風味が最高

苦いのはダメ！
中心に緑の芽のあるニンニクは苦く、とくに刺激が強い。取り除いて！

保存して！
鱗茎はそのままで（ばらすと早く干からびる）。涼しく乾いた環境で2〜3週間

冷たく湿気のある冷蔵庫は土の中と似ているので、発芽する

収穫したてのニンニクあるいはクマニラは冷蔵庫に入れて、1週間以内

野生のクマニラを！
生でも料理されてもまろやかな風味が必要なら、「ウェット・ガーリック」とも呼ばれる収穫したてのニンニクか、それに近いクマニラを。クマニラは日陰の森林地帯に自生している。平たい緑の葉はバジルソースに、あるいはリゾットやオムレツに刻み込んで

火を通して！

苦くて辛いニンニクを粘り気のある甘いものに変えたいのなら、鱗茎まるごとてっぺんを切り落として、オリーヴオイルを振りかけ、アルミ・フォイルに包んで200℃で30〜40分ローストして

いかようにも！

まろやかな味にしたいならナイフで薄切りやさいの目に。ニンニク・ピューレは強烈な味。包丁の刃で押しつぶし、塩を加えて、あるいは乳鉢と乳棒で作る

皮を剥いて！

手のこんだ道具はいらない。台所で一番役に立つのはあなたの手。まるごとのニンニクを手の付け根で押してばらし、それから鱗片も同じようにして薄い皮をむく

ニンニク
トウガラシ
ショウガ

ニンニク
卵黄
オリーヴオイル

ニンニク
バジル
トマト

最高の
三重奏

ニンニクはこの世で最高の
三重奏のベース

ニンニク
バター
パン

ニンニク
タマネギ
セロリ

ニンニク
ローズマリー
ラム

4,000
世界には
ジャガイモの品種が
4,000 種以上

V. I. P
(very important potato)
世界で 4 番目に
重要な食用作物

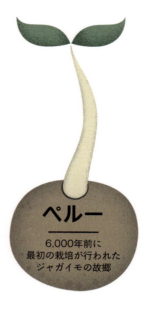

ペルー
6,000年前に
最初の栽培が行われた
ジャガイモの故郷

畑から

ジャガイモ：人気者

　ジャガイモはトウモロコシ、小麦、米に次いで、世界で 4 番目に重要な作物。あだやおろそかにはできない。世界には何千という品種があるが、大半がその故郷ペルーで見られる。ペルーでは約 6,000 年前にインカ人が初めてジャガイモを栽培した。ジャガイモにはあらゆる形、大きさ、色、歯ごたえがあるので、料理によって使い分ける。
　「アーリー」と「セカンド・アーリー」は新ジャガとしても知られ、一般に小さく煮崩れしないので、ゆでたり、蒸したりしてサラダに。皮ごと（皮には食物繊維と栄養分が豊富）ローストしてオリーヴオイルと海塩を振りかけ、熱い燻製のパプリカを散らす。晩春から初夏にかけて出回るアニャ、マリス・ピア、ピンク・ファー・アップル、シャーロットはことに人気がある。シャーロットはマンドリーヌで薄切りにして、クリームとニンニクとともに、熟成したペコリーノ・ロマーノのようなにおいの強いハード・チーズを載せて焼くとおいしい。イギリスでグルメが待ち焦がれるのがジャージー・ロイヤルの季節。この小さなジャガイモは 3 月から 7 月にかけてジャージー島の南海岸のすぐそばでできるが、独特の甘味があって夏の味がする。
　秋に収穫される「主作物」のジャガイモは、もっと大きく、水分が少なく、加熱するとほくほくするので、ローストしたり、皮ごと焼いたり、脂で揚げてすてきなフライドポテトやポテトチップスに最適。マリス・パイパーはこの一族の中でたぶんもっとも有名で、ヨーロッパ中で一番よく食べられていることは確かだ。2012 年の作付面積はイギリスだけで 19,000 ヘクタール。金色の皮、なめらかな白い肌と柔らかな歯ごたえは、くさび形に切ってオーブンで焼くことから、クリーミーなマッシュポテトまで、何にでも文句なし。
　でもダマにならない最高のマッシュポテトを作るには、皮が赤く引き締まったデザレイのような、なめらかな食感のイモを使うこと。皮をむいて柔らかくなるまでゆで、水気を切って、乾かし、ライサー［ゆでた野菜を均一につぶすための、円筒状・箱状の調理器具。マッシュポテトを作る場合などに使われる］でつぶす。秘訣は、それからバター、全乳［何も処理していない牛乳］、たっぷりの塩とコショウを加えて強くかき混ぜること。マッシュポテトはほかの料理のベースとしても大いに用いられる。肉や魚のパイのトッピングに、小麦粉と卵を混ぜてイタリアのニョッキに、残り野菜と炒めてイギリスの伝統料理バブル・アンド・スクイークに、あるいはその日釣れた魚と合わせて魚肉団子に。

キュウリにはよく見かける長い緑色の魚雷形だけでなく、さまざまな形や大きさがあるが、味や歯ごたえはほぼ同じ。さわやか、さっぱり、パリパリで、わずかに青臭い

畑から

キュウリ：
サミュエル・ジョンソンはまちがっている

　イングランドの有名な辞書編集者サミュエル・ジョンソンは、「キュウリはスライスして、コショウと酢をかけ、それから捨てるべきだ。何の役にも立たないんだから」と言ったらしい。風味に富んではいないかもしれないが、私に言わせればジョンソンはまちがっている。

　このウリ科の果実（カボチャやスイカの親類）は、サラダの材料、主要な漬物、さらに生のままの飾りとしても欧米ではよく知られているようだが、いつもひんやりしているキュウリにはもっとずっと多くの用途がある。さわやかなので、ギリシアでは塩味のフェタ・チーズと日光を浴びてよく熟れたトマトとサラダにするのが好まれる。あるいは薄くスライスしてクリーム・チーズとともに耳を取ったパンにはさんで、イギリスの伝統的なアフタヌーン・ティーに。おろしてから塩を振り、余分な水気を切ったものは、インドのライタ、ギリシアのザジキ、またはトルコのジャージュクなど、ヨーグルトとそしてしばしばニンニクとミントあるいはディルとともに多くの冷たいソースやディップに使われる。もちろんアジアの風味ともよくなじみ、細かく刻んで、刻んだココナツ、生のコリアンダーか細かく刻んだピーナッツとともに甘い、酸っぱい、塩味のドレッシングに使われる。さらには中国で行われるようにニンニクとともに麺棒で叩くと、風味が増す。スペインのガスパチョのような冷たいスープにもよく加えられる。でも今年はキュウリの新しい食べ方を試したければ、火にかけてみて。ショウガ、ゴマ油、醤油と炒める、バターでソテーする、ローストする、オリーヴオイルを塗って強火で焼くなどすると、熱いキュウリの新たな歯ごたえとおいしい味が楽しめる。

96%
が水分

Cool As A Cucumber
(とても冷静な)

キュウリの内部は外気より6℃くらい涼しいと言われている。だから腫れぼったい目の上に載せると気持ちがいい

キュウリもどき

ルリジサの葉と紫色の花にはほのかなキュウリの風味があるので、きれいな付け合わせとして、アイスキューブにしたり、サラダにふりかけたりするが、いわゆるsea cucumber（海キュウリ）（ナマコ）は、まったく別物で、海の生物。東南アジアではごちそうとされている

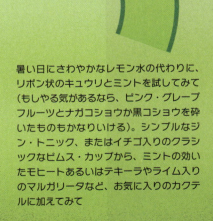

暑い日にさわやかなレモン水の代わりに、リボン状のキュウリとミントを試してみて（もしやる気があるなら、ピンク・グレープフルーツとナガコショウか黒コショウを砕いたものもかなりいける）。シンプルなジン・トニック、またはイチゴ入りのクラシックなピムス・カップから、ミントの効いたモヒートあるいはテキーラやライム入りのマルガリータなど、お気に入りのカクテルに加えてみて

漬 物

ガーキンやコルニションのような小さなキュウリは丸ごとピクルスにするが、大きなキュウリもマンドリーヌでスライスしておいしい甘酸っぱい「基本的な」スタイルのピクルス、あるいは新鮮なサラダのための即席漬けにできる

> タマネギは
> 古代エジプト人にとって
> 永遠の象徴で、
> ファラオの副葬品
> とさえされた

> 涙を誘発する
> タマネギの揮発性油の
> 多くは根にある。
> 涙を最小限にするには、
> 刻む前にタマネギを冷やし、
> 根は最後に落とす

> タマネギ、ニンジン、
> セロリをさいの目に切って、
> 多くのストック、シチュー、
> ソース、スープのベースになる
> *ミルポワに
> *こくのある味と香りづけに
> 用いる料理の材料

刻み方

切り方や刻み方で涙が減る

① 茶色のタマネギと大きなよく切れる包丁、
プラスチックのまな板でスタート
（縦に切る）

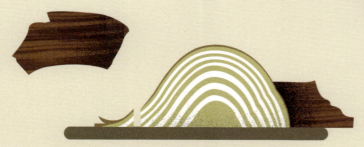

② てっぺんの茎を切り落とし、茶色の皮はむくが、
根には触れない

畑から
———

タマネギ：
縁の下の力持ち

じっくり炒めたタマネギの匂い、理想を言えばホット・ドッグに載せられる直前の匂いは、たまらない。料理で主役を張ることはめったにないが、このつつましいネギ属はすぐれた裏方で、世界中の料理に風味や色、そしてまたとない深みを加えている。

実際世界でもっとも広く栽培されている野菜のひとつで、多くの種類があるが、日々一番よく使われるのは、一般的な乾燥させた茶色か黄色のもの

保存
皮つきの場合は、室温で。
皮をむいたり、スライスしたり、
さいの目に刻んだものは
密閉容器に入れて
冷蔵庫あるいは冷凍庫に

**タマネギのカラメル化には
時間がかかる**
ねっとりした飴色のタマネギは
油やバターで低温で
じっくり炒める場合にだけ作れる。
30分以上かかり、
短時間では無理

刺し込む
ホワイトソースあるいは
*ピュイ産レンズマメの料理に
芳香と深みを加えるために、
丸ごとのタマネギに
クローヴやベイリーフを
刺し込んで香りをつける

*フランスのオーベルニュ
地方の火山丘

乾燥
茶色、黄色、白、赤の
タマネギは、適切に保存すれば
数か月はもつが、
緑の芽が出たものや、
傷のあるものは捨てる

と、より甘い赤いもの、未熟な刺激の少ない葉タマネギ。どれも生では渋味と穏やかな辛味があるが、注意深く料理すれば甘くまろやかな味になる。柔らかくなるまで皮ごとローストする。スライスして飴色になるまでじっくり炒め、きわめて安上がりで満足のいくフレンチ・オニオン・スープを作る。あるいはアイルランド人のようにマッシュポテトに、葉タマネギの緑色の葉のスライスを効かせる。

③ 薄切り：半分をまな板に伏せ、根に触れないように、茎の方から根元へとスライスする

④ さいの目：半分をまな板に伏せ、根に触れないように、茎に平行に縦に数mm間隔で切り目を入れる。包丁を寝かせてまた根に触れないように縦切りの3倍の間隔で水平に切り目を入れる。それから③のように薄切りにすれば、りっぱなさいの目ができる

畑から

キノコ：植物でも動物でもない

キノコは植物でもなく動物でもないが、自然の恵みのひとつで、正確に言えば菌類。自然環境と完全に共生していて（日陰の多い森林地帯だろうと、開けた草地だろうと、洞窟だろうと）、キノコはどの大陸にもあり、ごちそうである。古代エジプト人にとっては不死の象徴で、漢方薬に欠かせない。脂肪が少なく、タンパク質とビタミンが豊富な点が今日では評価されている。しかしもっとも重要なことは、おいしいこと。

あらゆる大きさと色がある。白、茶色から黄色、オレンジ、赤、紫、そして青さえも。よく見かける白いマッシュルームから珍重されるヤマドリタケまで、たいていの場合おなじみの笠と軸があるが、ヴェールをかぶったレディのようにスカートをはいているものや、北アメリカの球塊状のヤマブシタケのように針状突起を伸ばすものもある。香りもアニスの実やアンズからニンジンやココナツのようなものまであり、非常に多様。

食用キノコは、もっとも一般的なマッシュルーム、ポルトベロ、アンズタケ、ヤマドリタケ、アミガサタケ、ヒラタケ、椎茸、エノキ茸などで、料理の秘訣は正しく扱うこと。洗ってはいけない（水を吸ってしまう）。ブラシで汚れを落とすだけに。そしてスライスしてディルとともにサラダにし、オリーヴオイルやレモン果汁をかけて生で食べるのでない限り、たいていのキノコにはソテーが一番。温めたフライパンに風味付けのバターをたっぷりと、バターが焦げないように油も入れ、1/4あるいは半分に切ったキノコ（スライスしてはいけない）を入れると、キューキュー鳴ったり、踊ったりする。味付けは水分が蒸発してこんがりし始め、旨みが出てから。また干してストックやリゾットに用いたり、サラダに入れたりしてもすばらしい風味が出る。

そして素朴なキノコの一番の仲良しは？　もちろんニンニク。とは言っても、ニンニクと仲が悪いのは、たぶんドラキュラ以外にはないけれど。

キノコの真相

キノコはかつて天然の染料に使われた（そして今でも）

キノコは90％が水分

キノコ愛好者はmycophile（マイコ・ファイル）と呼ばれる

キノコは地面にも木の上にも、コーヒーかすにさえも生える

深い旨味があるので、しばしばバーガーやロシアの典型料理ビーフ・ストロガノフの肉の代わりに使われる。切ったところがレバーや肉の「切り落とし」に似ているビフテキ・キノコさえある

成熟したキノコは160億個もの胞子を作ることができる

70種以上の発光キノコがあるが、大半は食べられない。しばしばキツネ火あるいは妖精の火と呼ばれる「冷たい」光を発するが、白熱電球のように大量の熱を発するわけではない

何千種ものキノコがあるが、食べられるのはほんのわずか。実際においしいのはもっと少ない。幻覚を引き起こすものもあれば、毒性が強く、食べると死ぬものさえある。キノコ狩りをするときは専門家とご一緒に

畑から

——

ハーブ：
育ててみて

新鮮なのが一番。でも乾燥させ
たものも使われる。まずは代表的
な12種のハーブを。

バジル

デリケートで、すぐに傷んで黒
くなるので、新鮮なうちに。葉
をやさしく摘んで、ちぎるかよ
く切れる包丁でスライスし、料
理の仕上げ寸前に加えるか生で

ディル

暗いモスグリーンで羽のような苦
いハーブは、スカンディナヴィア
で好まれている。この美しい緑の
ハーブがなかったら、グラヴラッ
クス［サケのマリネ］はどうなるだろ
う？　東欧でも同様で、その酸味
が、クリーミーなポテト・サラダ
やスープなどによく合う。ソラ豆、
ナチュラル・ヨーグルト、オリー
ヴオイル、レモンジュース、調味
料に加えてみて

チャイブ

柔らかで空洞のある葉は、チーズ・
オムレツ、サワークリームを載せ
たベイクドポテト、あるいは魚の
チャウダーなどの料理に、ハサミ
でチョキチョキやりながらじかに
振りかける。あまり役に立たない
ので飾りに。穏やかなネギ属の香
りのする紫色の花も同様に

ミント

育てやすく、空き容器で十分。食
物と飲料に大活躍。スペアミント
をつぶしてラム酒に入れモヒート
に。熱いお茶にはペパーミントを
浸して。細かく刻んで塩味のフェ
タ・チーズとともに、中東のサラ
ダの一種タブーラに、あるいはラ
イ豆とパンチェッタ［塩漬けした豚ば
ら肉］を弱火で煮込んだものに

オレガノ

乾燥させると香りが立つわずかな
ソフト・ハーブのひとつ。束ねて
吊るして乾燥させ、砕いて濃厚な
トマト・ラグー［パスタ・ソース］に。
ナスのスライスのローストには、
山羊のチーズの小さな塊と焼いた
マツの実とともに生の葉を振りか
ける。もし乾燥したものを使うな
ら料理の始めに、生なら中頃か終
わりに

タイム

タイムのような木本性のハーブは、
乾燥させても香りは失せない。パ
スタからロースト・チキンまでど
んな料理にも使えるが、デザート
にも。かすかな花のような香りが
ケーキ、とくにレモンとアーモン
ドのケーキに効く。香りのよいレ
モン・タイムを探すこと

コリアンダー

石鹸のようだと言う人もいれば、快い風味がある、香りがいいという人もいる。いずれにしろ世界でもっとも広く使われるハーブと考えられている。根は一般にタイのグリーン・カレー・ペーストに。香りのよい葉は生のまま、さまざまな料理に散らされ、スライスして加えられ、あるいは混ぜられる。グアカモーレには欠かせない

タラゴン

鶏肉に最適でベアルネーズソースの隠し味。柔らかく輝かしい細い葉（ことにフランス種の場合）は、アニスの実のような香りが強い。バジルやミント同様デリケートなので、葉を茎からちぎったら、なまくらな包丁で切り付けたりしないこと

パセリ

このセリ科の葉は生き生きとしてほとんど草のような香りがする。料理を引き立て、多くの料理のスター。イタリアのサルサ・ヴェルデ・ソース、つまり生のグレモラータ［レモンの皮、イタリアン・パセリ、ニンニクをみじん切りにして合わせたもの］、アルゼンチンのチミチュリ［パセリとニンニクのみじん切りを、塩と油と酢で和えて、香辛料を加えたソース］、あるいはイギリスのクリーミーなパセリソースに使われる。縮れた葉のパセリより平たい葉のイタリアン・パセリを

セージ

葉は表面が繊毛で覆われていてわずかに苦みがあるので、それだけを食べるとまずい。たとえば豚肉の詰め物のように長時間煮込む、あるいはパリッとしてよい風味が出るまでバターで炒めるのに向いている。仔牛肉、豚肉、ベーコン、レバーのような臓物によく合うが、カボチャやビートのような堅い野菜とも合う

ローズマリー

丈夫なローズマリーは料理に強い香りをもたらすので、早目に加えること。葉を細かく刻むのが一番だが、茎ごと加えて供する前に取り出してもよい。ストック、ソース、シチューに浸し、食べられる串として、バーベキューの前にマリネにした鶏肉あるいはパニール［インド、パキスタンなどで作られるカッテージ・チーズ］を刺す

ベイリーフ（月桂樹）

あらゆるハーブのうちでもっとも香りが強いが、すばらしい自然の芳香で、是非常備したい。生のものと乾燥したものにほとんどちがいはないが、そのえも言われぬ香りを引き出すために料理の始めに入れ、供する前に取り出す。すてきな香りをつけるために、クリーム・プディングにも加えられる

カシューナッツ

カシューナッツはなぜそれほど高価なのか？カシューナッツはカシューアップル（果汁は甘いが、苦い果実）の先端にできる。果実の方は保存期間がとても短い。ナッツの部分はふつう丸ごとローストして砕き、中のバターのような甘い仁を取り出す

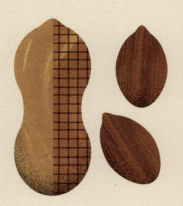

ピーナッツ

ピーナッツは実際には豆。ほかのナッツのように木になるのではなく、マメ科の植物の子房が地中で結実したもの

アーモンド

アメリカ最大の特産輸出作物で、同国で人気のナッツ（ピーナッツ、クルミ、ペカン、ピスタチオより上位）

バター

なめらかになって塗り広げられるまで、1種だけで、またはほかのものと組み合わせて（たとえばヘーゼルナッツとチョコレート、あるいはピーナッツとトウガラシ）ミキサーにかける

チーズ

ブラジルナッツ、マカダミアナッツ、カシューナッツのように脂肪分の多いナッツはすべて、ミキサーにかけ（しばしばチーズの酵母を加え）、ときに裏ごしすることにより、非常に柔らかいか中くらいの堅さの「チーズ」になる

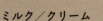
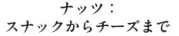

ミルク／クリーム

水に浸したナッツの水気を切り、2倍の水とミキサーにかけ、漉す。乳製品の代わりに、またスムージーに。ポリッジ［粥］に入れてもおいしい

粉末

クリの粉末は濃厚で甘いので、グルテンフリーのベーキングにもってこい

すりつぶして

ケーキからカレーまで何に入れてもよい

畑から

———

ナッツ：スナックからチーズまで

自然のスナック、ナッツには、世界中のバーにある塩ピーナッツよりもずっと多くの種類がある。生のままで純粋なエネルギー源で、心臓によい脂肪や、筋肉を作ったり修復したりするタンパク質、肌によいビタミンEに富む。それぞれに独自の栄養学的組成、風味、歯ごたえ、外見があるが、全体として料理人の貯蔵庫に欠かせない。オーストラリアの脂肪分の多いマカダミアナッツ、北米の甘いペ

ナッツの食べ方

丸ごと
そのままで完璧で携帯に便利な栄養のあるスナック

丸ごと炒って
何も入れない鍋あるいはオーブンでこんがり炒ると、風味と歯ごたえがよくなる

フレークに
アーモンドとココナツのフレークはベーキングに使うとよい

刻んで／砕いて
サラダとソースに、ビスケットとパンに。歯ごたえと味がよくなる

カン、多くの料理や菓子に重要な歯ごたえや風味を添える苦いクルミと歯ごたえのよいピーナッツ。

ナッツはすべて室温で密封容器に入れておくのが一番。だからもし砕いたか挽いたものが必要なら、少しずつ買う。著しく脂肪分が少ないでんぷん質のクリは、真空パックを買うか、新鮮でも旬でもなければ、既製品のピューレを買うのがよい。

ブラジルナッツ
ブラジルナッツは、ココナッツくらいの大きさの殻に包まれ、三角錐状の種子が放射状に詰まっている。健康に欠かせないミネラルのセレニウムが多く、免疫力などを高める

種子
マツの実、ヒマワリの種、カボチャの種のような種子もすぐれた栄養源で、料理に新たな広がりをもたらすことができる。丸ごと炒って、あるいは挽いてバター、ペースト、ペストに

ピスタチオ
ピスタチオは葉緑素によって独自の緑色を呈する。緑が濃いほどよい（イランのピスタチオはことによい）

牧草で育った牛を探す。
穀物で育った牛より風味
がよい

最高の焼き方は、焼く前にフライ
パンではなくステーキに油を塗り、
肉を載せる前にフライパンや焼き
網を煙が出るほど加熱すること

牛肉は熟成させると、風味がよ
く、柔らかくなる。少なくとも
21日間、ドライエイジングあ
るいは一般的にはウェットエイ
ジング（真空包装を使う）で熟
成させることができる

調理の直前に十分に味付け
すること

濃いカーマイン・レッドの
肉を探す

柔らかく風味が十分な肉が
好きなら、霜降り肉を

調理の前には室温に戻して

さまざまな料理にふさわしいさ
まざまな切り身があるが、すべ
て温かい場所でよく休ませ、「リ
ラックス」させて、できるだけ
ジューシーに

脂身は黄色ではなくク
リーム色で、触るとし
っかりしているものを

ステーキでも、骨付き肉でも、
塊肉でも、「軽い焦げ目」を
つけると風味が増す

農場から

牛肉：ちがいがわかる？

　多くの人が牛肉と言うとき、それは1歳半から2歳の間に屠殺さ
れた去勢牛の肉を指す。1歳前の若い雄牛の肉は仔牛肉として売られ
るが、雌の乳牛はミルク、バター、クリーム、チーズの供給源となる。
でもこの大きな動物はどのようにして皿の上の食物に変わるのだろう
か？

　さまざまな国が独自の方法で解体している。フランスは筋肉に沿っ
て行う解体法で知られているが、イギリスやアメリカは伝統的に簡単
に行う。ロースト用、グリル用の骨付き肉を採るのに、骨も脂肪もそ
のままにまっすぐカットする。

　一般によく働いた部分の肉（首、すね）は硬いので、煮込みやシチ
ューのように長時間ゆっくり加熱する必要がある。背中から腰にかけ
ての肉は上質でサーロインやヒレ、ランプになる。すばやく焼いてス
テーキに。しかしほかの部分もむだにしてはならない。骨はストック
を取るのに使い、髄はローストすればおいしいので、塩を振ってトー
ストに塗る。尾とほほ肉は弱火で煮込むと滋味風味が際立つ。すばや
くソテーしたレバーをクリーミーなマッシュポテトに載せれば、りっ
ぱな一品。睾丸でさえ、ロッキー山脈のカキとして知られるごちそう
である。

おいしい切り身：ステーキ一覧

肩

肩の安い部分ですばやくレアに焼くのがベスト。
あるいはゆっくり煮込む

ともばら

牝牛のあばら肉でほとんど臓物のような風味がある。
加熱する前に切り開き、ミディアム・レアに焼き、
薄くスライスする

ランプ

牝牛の尻の肉で、風味はすばらしいが、
ヒレほど柔らかくないので、
ミディアム・レアあるいはミディアムで

Ｔボーン

どちら側も最高！
骨にヒレとサーロインがついている。
ミディアム・レアで

ヒレ

大腰筋で、脂肪が少ない（従って風味も少ない）が
柔らかく、レアがベスト

サーロイン

背中の肉。
縁の脂も肉もミディアム・レアに

リブ・アイ [リブ・ロースの中心]

あばら肉の中心で脂が多く（風味も！）、
ミディアム・レアが一番

ハラミ

横隔膜のよく働いた筋肉。
レアからミディアム・レアに焼き、繊維に直角に
スライスすると、もっとも柔らかく食べられる

55

温かい鶏肉料理
始める前に鶏肉を室温に戻すこと

ローストする
油、塩、コショウをすり込む。220℃で20分間ローストしたら、180℃に落として40～60分、あるいは肉汁が澄むまでロースト

切り分ける
ローストがすんだら、背骨に沿って胸肉を切り取る。胸肉をすべて切り取ったら、厚切りにする。すね、手羽、腿を関節のところで切り離す

ストックを作る
ニンジン、タマネギ、セロリ、ベイリーフをとろ火で炒める。ローストした骨、臓物（レバー以外）、コショウの実、水を加える。ぐつぐつ煮てあくを取り、少なくとも2時間は煮込み、漉す

ゆでる
丸ごと鍋に入れ、ニンジン、セロリ、フェンネル、タマネギ、パセリ、塩、コショウを加える。水を入れて沸騰させ、1時間あるいは火が通るまでぐつぐつ煮る

農場から

鶏肉：反則プレイならぬ鶏肉プレイ

鶏肉が世界で消費量第2位の肉で（豚肉が1位）、人気料理のいくつかの重要な食材であることは、不思議ではない。くせのないやさしい淡泊な味は、そのままでも、スパイスに漬けてもいい。グリル、ロースト、フライもいけるし、ゆでてもいい。ほとんどむだがないのもすばらしい。

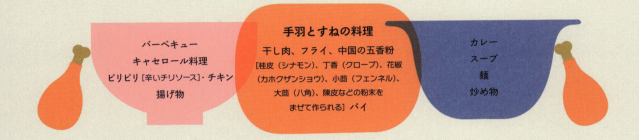

食肉

農場から

―

ラム：御しやすい

挽肉にしてシナモンでやさしく味付けし、ナスと濃厚なベシャメルソースと重ねてギリシアのムサカにしようと、日曜のランチにローストして薄切りにしミントソースをたっぷりかけようと、ラムは万能で広く愛されている。

独特の風味と甘い脂肪が人気のラムは 1 歳未満の仔羊の肉。中国、オーストラリア、ニュージーランドが世界の大生産国で、インド、イギリスがすぐ次に続く。ヨーロッパではさまざまな料理で好まれている。イタリア人は復活祭をアバッキオで祝う。これは生後 1 か月になるかならずの乳飲み仔羊のことで、肉は柔らかく、色が淡く、仔牛の肉に似ている。スペイン北部では乳飲み仔羊を丸焼きにし、トルコ人（実際には中東の多くの人々）は、挽肉にしてスパイスを入れコフタ・ケバブにするのを好む。スパイスを加えればにおいも気にならないし（だから私は金曜の晩にはラムのカレーにする）、ドライ・フルーツともよくなじむので、ゆっくり煮込むタジーン［北アフリカのシチュー］に入れる。ラムは時間がたつと風味がよくなるので、牛肉のように屠殺後吊るしておくとよい。餌育によって風味も異なる。穀物より草を食べて育ったものがいつも望ましいが、

58

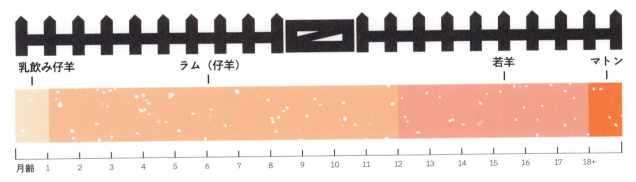

もしイギリスの塩性湿地のサムファイア［セリ科の多肉草］、ギシギシ、イソマツを食べたラムや、オーストラリアのハマアカザを食べたラムを試せるなら、試してみて。

羊を1歳から1歳半で屠殺する国もあるが、マトン（羊肉）は本当に奥深い。1歳半を過ぎると肉は黒ずんで、においが強くなる。そう、肉は硬くなるかもしれないが、長時間かけてゆっくり料理するのに向いている。イギリスのチャールズ皇太子はマトンが大好きで、事実2004年以来「マトン・ルネサンス」のキャンペーンを行っている。生産コストの安いラムにとって代わられているにしても、実際今日多くの人気料理の伝統的な食材である。北アフリカの滋味に富んだスパイスの効いたメルゲーズ・ソーセージ［パプリカなど強い香辛料を羊肉に混ぜて作った生ソーセージで加熱調理して食べる］、アイリッシュ・シチュー、ウェールズのスープ、カウル、アイスランドの燻製をゆでたハンギキョット（伝統的にクリスマスにベシャメルソースを添えて）、イングランドのランカシャーのホットポットなど。ホットポットはバター風味のスライス・ポテトの有名なトッピングの下にもとは腎臓と牡蠣も加えていた。

農場から
―
ソーセージ：
ビッグ・バンならぬ
ビッグ・バンガー
(大ソーセージ) 理論

ソーセージの世界は多彩でおもしろい。生もあれば、干したもの、燻製にしたもの、あるいは加熱したものもある。材料も肉、魚から野菜まで。ハーブやスパイスを詰め、血液さえ詰めたものもある。どのような道をたどって来たにしろ、この小さな惑星に根付いている。スコットランドのハギスからイタリアのサラミまで、あらゆるソーセージは獲物を保存する方法として誕生したが、ここでは生ソーセージを取り上げる。夏のバーベキューやイギリスの土曜の朝の典型的な炒め物にする、あるいは伝統的なトード・イン・ザ・ホール[衣を付けて焼いた肉料理]としてヨークシャープディング[塩味がきいたちょっと硬いホットケーキのようなもの]の衣をつけてオーブンで焼くソーセージ。

これらの材料は、ふつう挽肉（豚肉が一番多いが、牛肉やラム、鶏肉でも）、脂肪（とくにイギリスでは、肉と脂肪の理想的な割合は３：１）、その地方特有のスパイスやハーブ、味をつけ保存を助ける塩、そして皮（もともとは動物の腸だったが、現代の大量生産の場合には人工的な「皮」を使うこともある）。最初に肉が切り取られた後の切れ端や残り物がしばしば使われる。だからイギリスの食肉解体名人のひとりでソーセージ博士のマーク＝フレデリックがかつて教えてくれたように、屠殺に失敗はない。「ソーセージがたくさんできるだけさ」。

**ソーセージの
ソーラー・システム**

これはイギリスのソーセージに基づいている。つまり肉、脂肪、ラスク[二度焼きしたパン]で作る場合。ヨーロッパ式は、細く、肉の割合が多く、肉加工食品として乾燥させ、燻製にすることもある

60

肉
豚肉、牛肉、ラム、仔牛、臓物

脂肪

ラスク（あるいはパン粉）

スパイスとハーブ

塩

皮

野菜の惑星
肉が嫌いなら、ウェールズのグラモーガン・ソーセージのレシピを試してみて。ウェールズの美食の誉れ、リーキとチーズでできている

ビッグ・バン
ソーセージをひと突するかしないか、それが問題だ。否。自然の皮を使ったソーセージははじけないように。秘訣は全体がこんがりして火が通るまで低温でゆっくり炒めること

農場から

肉加工食品：
すばらしい風味

　リスが冬中ナッツを食べられるようにうまく隠すのと同様、歴史を通じて私たち人間も獲物を保存しようとしてきた。肉や魚や野菜に塩を加え、そして、あるいは燻製にすることによって、食物を長持ちさせ、かなりおいしくもできることを発見した。実際保存食の風味はすばらしいので、冷蔵や冷凍の技術がある今日でも、なおこれらの伝統的な方法が行われている。

　現在のような肉加工食品は、15世紀のフランスで最初にブームになった。加工法は古代文明以来用いられてきたものかもしれないが、豚肉屋のギルドあるいは「肉加工食品店主」が、現在私たちが食べているソーセージ、ハムからパテまでのレシピの多くを考案したのは、この時代である。

　もちろん肉の加工では食肉の保存処理が大切で、塩化ナトリウム（塩）はその過程できわめて重要である。浸透と脱水によって悪玉菌を締め出し、善玉菌を守り、発酵を調整して風味を高め、タンパク質を分解して肉を柔らかくする。この過程で大半の肉は2％〜5％の塩を必要とする。それ以上だと「しょっぱい」。また熱燻や冷燻にし（どちらも抗菌作用がある）、砂糖、そして風味や歯ごたえにとって決定的なスパイスや脂身も加えることができる。

おひとつどうぞ

テリスサラミ
塩漬けにし、燻製にして乾燥させたハンガリーの「冬のサラミ」で、原料はマンガリッツァ豚

ソーシソン
塩漬け後乾燥熟成させたスパイス控え目のフランスのサラミ。各地方特有のレシピがある

細切り干し肉
スプリングボック［南アフリカ産のレイヨウ］のような獲物、あるいは牛のヒレ肉をスパイスとともに保存処理し（典型的には塩、砂糖、酢、コリアンダーで）、干した南アフリカの食品

キビヤック
昔ながらのイヌイットの珍味。アザラシの皮に500羽ほども北極の海鳥ウミスズメを詰め、皮を縫い合わせて閉じ、アザラシの脂身で封をする。岩の下に埋め、3か月から1年半発酵させる。それからウミスズメを丸ごと生で食べるが、常に戸外で

グアンチャーレ
イタリアの塩漬けにした豚のほほ肉。ニンニク、ハーブ、スパイスで風味をつける。「顔のベーコン」としても知られている

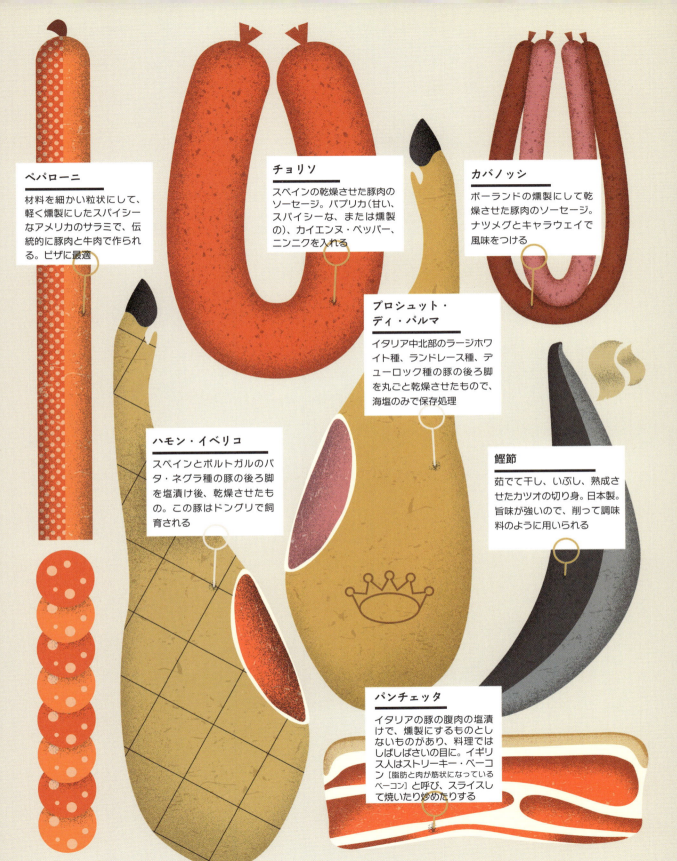

ペパローニ
材料を細かい粒状にして、軽く燻製にしたスパイシーなアメリカのサラミで、伝統的に豚肉と牛肉で作られる。ピザに最適

チョリソ
スペインの乾燥させた豚肉のソーセージ。パプリカ(甘い、スパイシーな、または燻製の)、カイエンヌ・ペッパー、ニンニクを入れる

カバノッシ
ポーランドの燻製にして乾燥させた豚肉のソーセージ。ナツメグとキャラウェイで風味をつける

プロシュット・ディ・パルマ
イタリア中北部のラージホワイト種、ランドレース種、デューロック種の豚の後ろ脚を丸ごと乾燥させたもので、海塩のみで保存処理

ハモン・イベリコ
スペインとポルトガルのパタ・ネグラ種の豚の後ろ脚を塩漬け後、乾燥させたもの。この豚はドングリで飼育される

鰹節
茹でて干し、いぶし、熟成させたカツオの切り身。日本製。旨味が強いので、削って調味料のように用いられる

パンチェッタ
イタリアの豚の腹肉の塩漬けで、燻製にするものとしないものがあり、料理ではしばしばさいの目に。イギリス人はストリーキー・ベーコン[脂肪と肉が筋状になっているベーコン]と呼び、スライスして焼いたり炒めたりする

農場から

血液：卵の代わりに？

すべての食材が同じように扱われているわけではないが、血液がしばしば食肉産業の副産物と見られ、軽んじられていることは確かだ。しかしタンパク質と鉄分に富んでいるので、世界中のソーセージに使われている。イギリスのスパイシーな朝食の定番「ブラック・プディング」、スペインの柔らかい「モルシーリャ」、エストニアのクリスマスのソーセージ「ヴェリヴォルスト」などで、鉄分の味が強いから、パンチの効いたスパイスやハーブが合う。

タンザニアのマサイ族は牝牛の首の生き血を直接またはミルクと混ぜて飲むのが好きだが、イヌイットはアザラシの血をグイッとやるのを好む。アジアでは伝統的に鴨あるいは豚の血を用いる傾向がある。中国では豆腐のように固めて切って食べ、台湾の屋台では米と合わせて蒸し、風味よく味付けし、北ヴェトナムでは血のゼリー入りスープを作る。

ヨーロッパではポーランド人は鴨の血をその肉、スパイス、ドライ・フルーツ、酢と合わせて、体を温めるスープ、ツァニーナを作り、イタリア人はオレンジとシナモンで風味をつけてサングイナッチョと呼ばれる甘いチョコレート・プディングにする。またソースやシチューに自然にとろみがつくので、伝統的なフランス料理では、鶏肉の赤ワイン煮に加える。フィンランド人はブラッド・ソーセージをコケモモのソースで食べる。スカンディナヴィアの多くで供されるブラッド・パンケーキも有名。実際2014年のノルディック・フード・ラボ［デンマークのレストランが立ち上げた味の基礎研究所］の調査によると、卵が主役の多くの料理で実際には代わりに動物の血を使うことができた。卵にも血液にもアルブミンが含まれているので、加熱したり、泡立てたりすると同じように働く。つまりメレンゲ、マカロン、パスタ、カスタード、アイスクリーム、そしてケーキでさえ、すべて怪しげに暗い色合いを帯びることになるかもしれない…

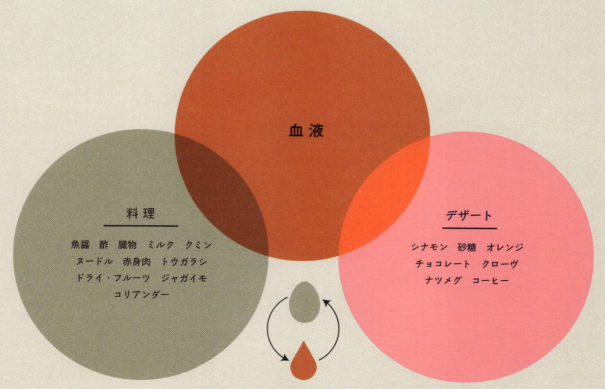

血液

料理
魚醤　酢　臓物　ミルク　クミン
ヌードル　赤身肉　トウガラシ
ドライ・フルーツ　ジャガイモ
コリアンダー

デザート
シナモン　砂糖　オレンジ
チョコレート　クローヴ
ナツメグ　コーヒー

卵1個分の卵白を43gの血液に置き換えることができる

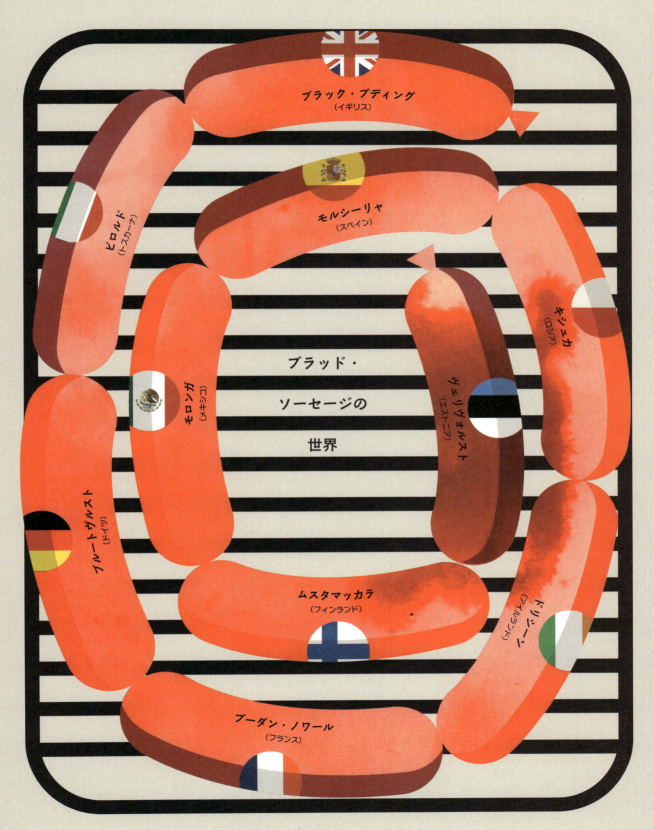

農場から

牛

コオロギ

コオロギの可食部を1kgふやすのに必要な餌料は牛のそれの1/12

コオロギの可食部分は80%だが、牛は40%

コオロギは100g中8〜25gのタンパク質を含むが、生の牛肉は100g中19〜26g

コオロギが必要とする水、餌、土地、農薬は牛より少ない

昆虫：死ぬまでに試してみて

　西洋文化で気味が悪いと嫌われているのは、臆病な小さなむかつく生物で、飛び、跳ね、噛みつき、ぱっとしない場所に住んでいる。確かに昆虫は、パックされてスーパーの棚に並ぶカットされたステーキ肉のように日頃食べ慣れているものではない。しかし昆虫を食べるのは、実は何も新しいことではない。

　2013年の国連食糧農業機関の報告によれば、あらゆる種類の甲虫、ハチ、バッタ、芋虫、トンボなどをそのライフサイクルのいろいろな段階で、世界人口の28%がすでに少しずつ食べている。タンパク質、鉄分、亜鉛の含有量が多いので、飢饉のときに「救荒食」として食べられるものもあるが、多くはさまざまな味と歯ごたえのためにごちそうになっている。オーストラリアの先住民は、クリーミーなガの幼虫を生で、あるいは加熱して食べることでよく知られている。タイでは赤アリとそのプチプチした卵を種々のサラダやオムレツに入れる。

　昆虫は驚くほど栄養価が高いだけでなく、環境にとっても意味がある。今のところ大部分は自然の中から採集されているが、養殖すれば有機廃棄物で飼育できるし、スペースもずっと少なくてすむので、伝統的な家畜にくらべて温室効果ガスを相当削減できる。

　何と言っても最初にロブスターを食べればいいと考えた人がいるのだ。イナゴだって食べられないことはない。何しろ別名が「陸のエビ (land shrimp)」なのだから。

食べられる昆虫の種 1,900種	人々はすでに伝統食の一部として昆虫を食べている 20億人	食べられる昆虫の量は1人当たり 40トン

地球上で食べられている昆虫のおよその割合

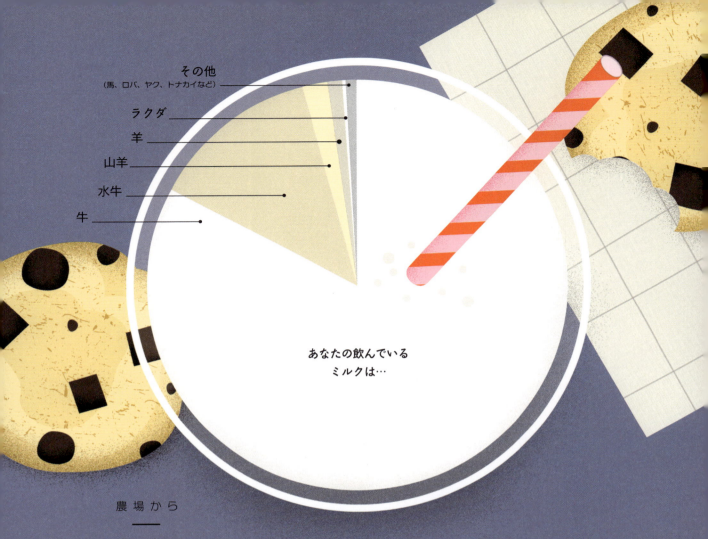

その他
（馬、ロバ、ヤク、トナカイなど）
ラクダ
羊
山羊
水牛
牛

あなたの飲んでいる
ミルクは…

農場から

ミルク：
牛乳からラクダの乳まで

世界で60億人以上がこの白い飲み物を享受している。純粋にミルクとして、あるいはバター、クリーム、チーズ、ヨーグルトに加工して。酪農は一大産業である。

私たちが飲むミルクの大半は牛の乳だが、他の動物からもミルクを絞ることができる。なじみのある羊や山羊だけでなく、たぶん驚かれるだろうが馬やラクダからさえ。そして

各々の栄養の含有量は異なるが、新鮮なミルクの価値は言うまでもない。ことに牛乳には、タンパク質、カルシウム、そして多くのビタミンが含まれている。

平均的な乳牛は
1日に自動車のタンク1杯分の
ミルクを出せる

乳製品の代わりになるミルク

ナッツやシード
（アーモンド、ココナツ、ヒマワリの種など）

大豆

世界一

インドは世界最大の生乳生産国

エンバク

米

50%以上

世界の生乳生産量は、過去30年間に50%以上増加

どういう意味？

生
完全に非処理、非加熱のミルク──つまり絞ったまま！ 健康リスクの可能性があるので、生乳の流通を禁じたり制限したりしている国もある

均質化
圧力をかけてミルクの中の脂肪球を砕き、脂肪層を分離させずにミルクを均質化する

低温殺菌
もっともふつうに行われている処理で、殺菌し保存期間を延ばすために、ミルクを高温にした後急速に冷却して容器に詰めること。風味と栄養価はそれほど変わらない

超高温処理
特に長期保存するために、低温殺菌の温度のおよそ2倍の熱を加える。風味と栄養価は低下する

エバミルク
加熱殺菌し、標準の半分まで濃縮する。どろりとしており風味が調整されている

コンデンスミルク
エバミルクと似ているが、砂糖が加えられる。粘り気があり、甘く、どろりとして、ドゥルセ・デ・レチェ［固体または液体キャラメル］やクイック・ファッジ［キャンディの一種］のベースになる

農場から

バター：バター派の楽しみ

世界には2種類の人々がいる。楽しむことが好きなバター派と、楽しみが少ないとも言えるマーガリン派。バター派の人々はいつも楽しく暮らし、バターが単にトーストに塗ったり、ベイクドポテトに詰めたりするものではないことを知っている。野菜を一変させ、ソースのたたき台であり、また仕上げ手でもあり、ケーキを膨らませ、本当においしいオムレツの風味を作ることを。

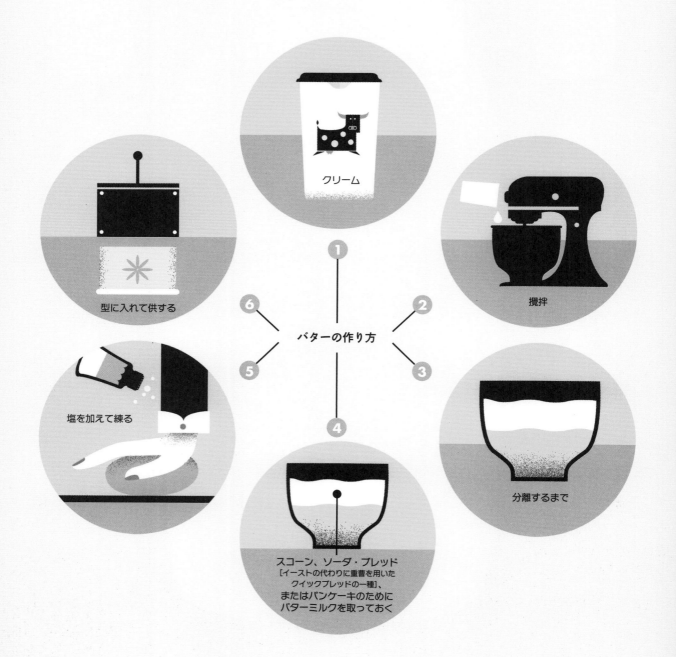

バターの作り方

1. クリーム
2. 撹拌
3. 分離するまで
4. スコーン、ソーダ・ブレッド［イーストの代わりに重曹を用いたクイックブレッドの一種］、またはパンケーキのためにバターミルクを取っておく
5. 塩を加えて練る
6. 型に入れて供する

風味を付ける

バターに何か調味料を加える。バターを指紋がつくくらい柔らかくし、なめらかになるまでかき混ぜ、好みの材料を混ぜる。耐脂紙に包んでソーセージ形に丸め、両端を閉じ、冷蔵あるいは冷凍する。まずは典型的なものからどうぞ

バターで味付け

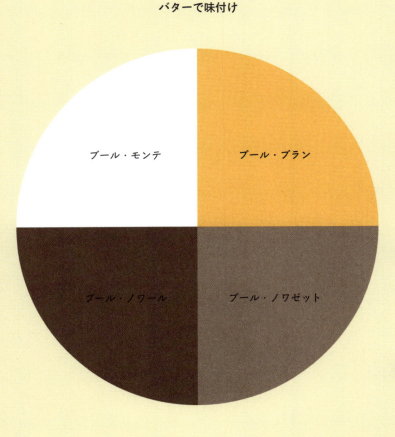

○ ブール・モンテ

乳化したバター。熱い湯に冷たいバターの角切りを入れて徐々にかき混ぜて作る。肉、魚／甲殻類、野菜をゆでるのに、またほかのソースのベースとして最適

● ブール・ブラン

酢、白ワイン、エシャロットを煮詰め、バターの冷たい角切りをゆっくりかき混ぜながら入れ、熱い淡い色の乳化バター・ソースにする

● ブール・ノワゼット

バターを溶かし、茶色い焦がしバターを作る。レモン、ハーブ、そして、あるいは魚にかけるなら、ケイパーで味付けする

● ブール・ノワール

前述のように焦がしバターを作るが、火から下ろしたときに、濃い茶色、ほとんど黒になるまで加熱する。しばしば酢で調味する。よく知られているようにガンギエイにかける

農場から

チーズ：ゴーイング・オール・ザ・ホエー（ウェイ）
(Going all the whey)

最初のチーズは幸運な偶然によってできたと考えられている。ミルクが動物の胃袋に入れられ運ばれているときに、自然にできたレンネットと呼ばれる酵素によって、固体の凝乳（カード）と液体の乳清（ホエー）に分離した。いずれにせよ何千年という間、作り方はほとんど変わっていない。生で柔らかく表面が熟成したチーズだろうと、水分を抜いた固いチーズだろうと、チーズは基本的にミルクの保存食品。人気があるのは牛乳で作ったチーズだが、山羊、羊、水牛のチーズさえふつうにある。しかし実はどんなミルクでもチーズはできる。ラクダ、ロバ（プレと呼ばれ、世界一高価）から人間の乳、さらに完全菜食主義者のためにはアーモンドとカシューのミルクからも。燻製にし、ハーブを入れ、あるいは何年も熟成させることもある。完成したチーズはそのままで、スライスしてサンドイッチに、おろしてソースに。ビスケットの生地に入れて焼き、またあぶってパリッと膨らんだものをおいしく食べる。

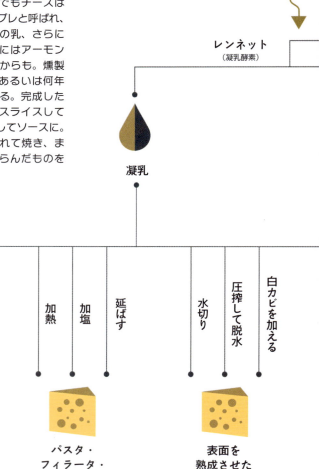

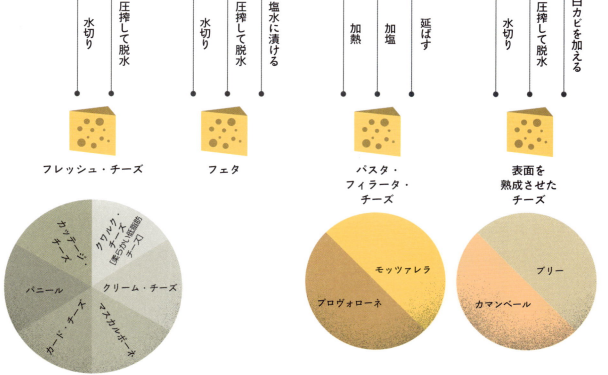

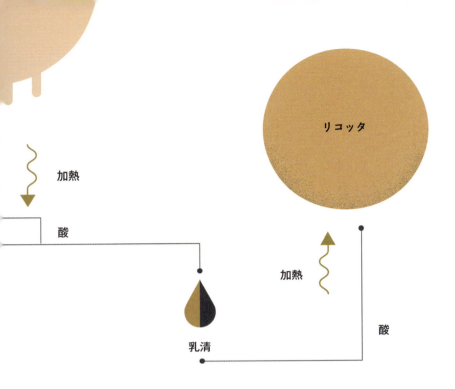
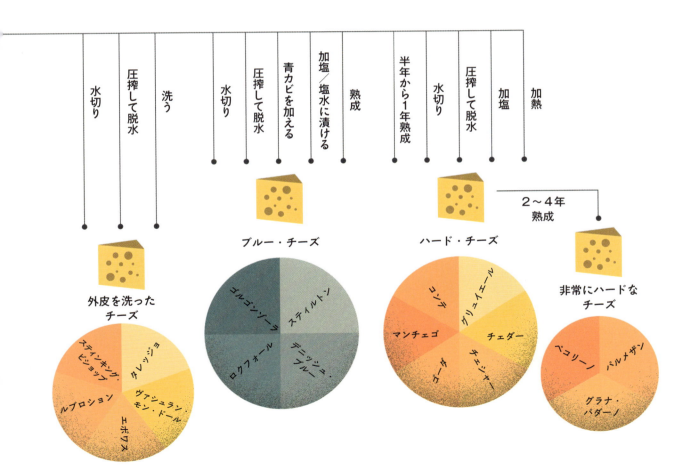

農場から

卵：ソースのソース
sauce　　source

　つつましい雌鶏の卵はもっとも容易に利用でき、安くて、万能の食材だが、ご存じのように最古の食材のひとつでもある。私たち人類は新石器時代以来あらゆる卵を、鶏、アヒル、ガチョウ、ウズラ、キジ、チドリ、ホロホロチョウから、ダチョウ、エミュー、ペリカン、ハト、カモメに至るまでさまざまな卵を食べてきた（フードライターの中には問題にする向きもあるかもしれないが、カモメの卵は魚の味はしない）。
　実際それはほとんど不思議ではない。卵は完全なパッケージに入ったコンパクトなひと口サイズの自然の恵み。ビタミン（A、B、D、E）、ミネラル（ヨウ素、リン、セレニウム、亜鉛、鉄）が含まれ、「完璧な」タンパク質で、私たちの体が必要とする基本的なアミノ酸がすべて含まれている。ロッキー・バルボア（映画『ロッキー』の主人公）が1日の始めに生卵を飲むのも、納得。
　卵は料理人の友でもある。デザートでも料理でも活躍する。全卵だろうが、卵白あるいは卵黄だろうが、卵だけで、あるいは食材の一部として、固め、飾り、膨らませ、とろみをつける。栄養価を高め、乳化し、照りをつけ、あるいは不純物を取り除く。ゆでることができ（むきやすいので、古い卵の方がよい）、バターでスクランブル・エッグにすることもできる（じっくり低温で）。ポーチトエッグは卵を割る前に湯をかき混ぜて渦を作ること。焼くときはバターと油がよいが、ベーコンの脂の方がもっとよい。クリームとともにチーズとパン粉を載せてオーブンで焼くこともできる。そしてユダヤ人が過ぎ越しの祭りを祝うときは、殻が茶色くなって割れるまでローストする（ベイツァ）──ただし最初にゆでておくこと。
　何を作るにしても、とくにベーキングでは、卵を室温にしておくことが肝心。卵の鮮度は、コップの水にそっと入れればわかる。底まで沈めばよいが、浮かんだら、中国にでもいない限り捨ててよい。中国では皮蛋（ピータン）がごちそう。卵を塩、石灰、灰の中に入れて45～100日たつと、卵白は茶色く、固く、ゼラチン化し、卵黄は緑色のチーズのようになる。生で食べられるが、たぶんアンモニア臭が鼻を突く。しかしもっとも異様な卵の食べ方は、それどころではない。東南アジア、ことにフィリピンやヴェトナムに行けば、孵化しかけの卵──受精後17～20日のアヒルの卵──をゆでたものに出くわすだろう。

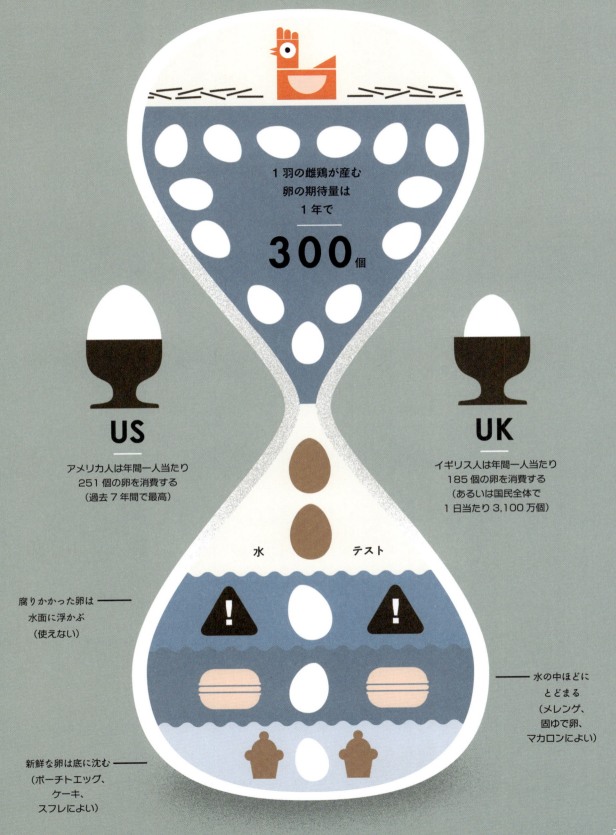

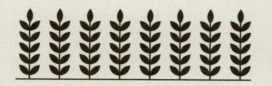

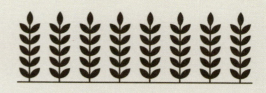
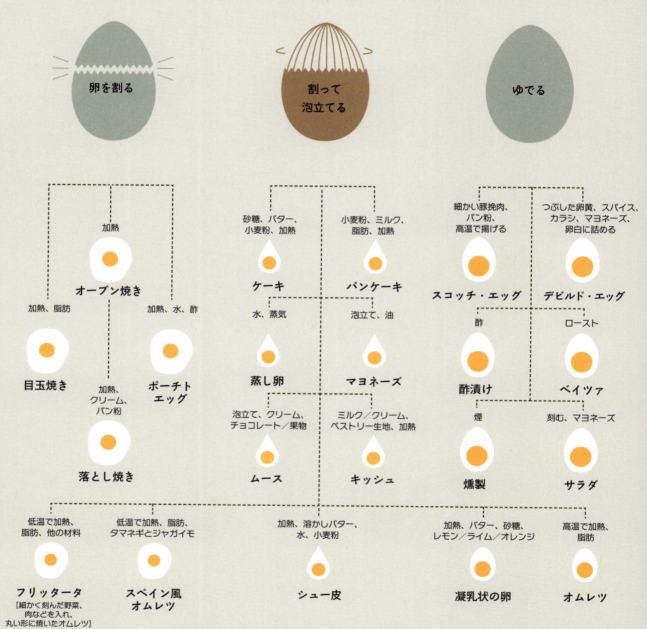

卵を割る　　割って泡立てる　　ゆでる

加熱 → オーブン焼き
加熱、脂肪 → 目玉焼き
加熱、水、酢 → ポーチトエッグ
加熱、クリーム、パン粉 → 落とし焼き

低温で加熱、脂肪、他の材料 → フリッタータ ［細かく刻んだ野菜、肉などを入れ、丸い形に焼いたオムレツ］
低温で加熱、脂肪、タマネギとジャガイモ → スペイン風オムレツ

砂糖、バター、小麦粉、加熱 → ケーキ
小麦粉、ミルク、脂肪、加熱 → パンケーキ
水、蒸気 → 蒸し卵
泡立て、油 → マヨネーズ
泡立て、クリーム、チョコレート／果物 → ムース
ミルク／クリーム、ペストリー生地、加熱 → キッシュ
加熱、溶かしバター、水、小麦粉 → シュー皮

細かい豚挽肉、パン粉、高温で揚げる → スコッチ・エッグ
つぶした卵黄、スパイス、カラシ、マヨネーズ、卵白に詰める → デビルド・エッグ
酢 → 酢漬け
ロースト → ベイツァ
煙 → 燻製
刻む、マヨネーズ → サラダ
加熱、バター、砂糖、レモン／ライム／オレンジ → 凝乳状の卵
高温で加熱、脂肪 → オムレツ

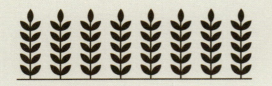

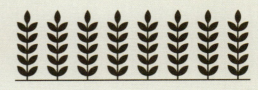

卵白 / 割って分ける / 卵黄

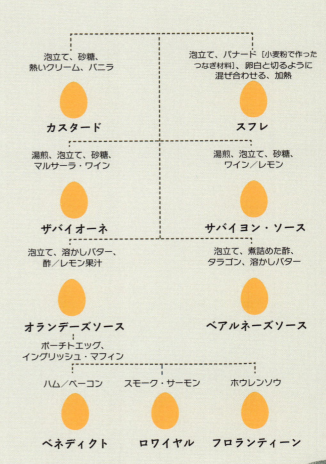

- 泡立て、粉砂糖、アーモンド粉、砂糖、加熱 → マカロン
- 湯煎、砂糖／粉砂糖、泡立て → スイス・メレンゲ
- 泡立て、砂糖、熱いクリーム、バニラ → カスタード
- 泡立て、パナード［小麦粉で作ったつなぎ材料］、卵白と切るように混ぜ合わせる、加熱 → スフレ
- 泡立て、熱い砂糖シロップ、ブドウ糖液、ゼラチン、冷却 → マシュマロ
- 泡立て、熱い砂糖シロップ → イタリアン・メレンゲ
- 泡立て、砂糖2倍 → フレンチ・メレンゲ
- 湯煎、泡立て、砂糖、マルサーラ・ワイン → ザバイオーネ
- 湯煎、泡立て、砂糖、ワイン／レモン → サバイヨン・ソース
- 泡立て、溶かしバター、酢／レモン果汁 → オランデーズソース
- 泡立て、煮詰めた酢、タラゴン、溶かしバター → ベアルネーズソース

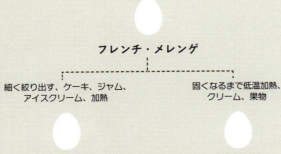

- 細く絞り出す、ケーキ、ジャム、アイスクリーム、加熱 → ベイクド・アラスカ ［アイスクリームをケーキ生地でくるみメレンゲで覆い、焼き目をつけた菓子］
- 固くなるまで低温加熱、クリーム、果物 → パブロバ

ポーチトエッグ、イングリッシュ・マフィン
- ハム／ベーコン → ベネディクト
- スモーク・サーモン → ロワイヤル
- ホウレンソウ → フロランティーン

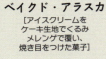

77

農場から

ハチミツ：小さじたった 1/12 杯

ハチミツのもとは蜜蜂が集める花の蜜。蜂が蜜を飲み込むと、単糖類に変わり、それが蜂の巣の小部屋に貯められる。ここで水分の蒸散作業が行われることによって、それがハチミツに変わる

一般に、ハチミツの色が薄いほど味はマイルド

ハチミツは蜜蜂の共同体で作られる。共同体には1匹の女王蜂と、何千匹もの雄蜂（生殖行為をするだけ）、何万匹もの雌の働き蜂（生殖以外何でもする）

もっとも多いのはクローバーのミツからできるハチミツ

私たちが食べるものの約1/3が、昆虫（その80％が蜜蜂だろう）によって授粉される作物に由来する

ハチミツは18％が水分

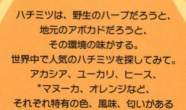

ハチミツは、野生のハーブだろうと、地元のアボカドだろうと、その環境の味がする。世界中で人気のハチミツを探してみて。アカシア、ユーカリ、ヒース、＊マヌーカ、オレンジなど、それぞれ特有の色、風味、匂いがある

＊オーストラリア・ニュージーランド産のフトモモ科ネズモドキ属の常緑低木

20-26°C

室温で保存すれば、結晶化しない。
結晶化したら、瓶を密封して
湯に浸せば温まって、液体に戻る

ハチミツはハチミツ酒、ビール、
リキュールを作るのに使える

「生ハチミツ」は、多くの商品化された
ハチミツとは異なり、
澄んだ液体にするための加熱、精製、
あるいはろ過がされていない

ハチミツをもっと楽に量るには、
まず風味のない油にさじを浸す

蜜蜂は必要量の2〜3倍もハチミツを
作ることができるので、
私たち人間が
あまり貪欲にならない限りは、
いくらいただいても大丈夫

1匹の蜜蜂が一生の間に作れる
ハチミツは小さじたった1/12杯ほど

450 gのハチミツ（一瓶ちょっと）
を作るには200万個の花が必要

 海から

魚の切り身：おろして皮を引く

自分で魚を釣る場合以外、私たちの大半は好きな魚のたぶん一様なきれいな切り身に慣れている。でも丸ごと買えばしばしば安上がりなだけでなく、新鮮で廃棄物も減らせる。うろこを取り、はらわたを抜けば、オーブンで焼いたり、直火で焼いたりできるし、残りの骨などでスープやソースのだしをとることもできる（はらわたは苦みが出るので、捨てること）。

たいていの魚は図のようにおろすことができるが、もしわからなければ魚屋に訊いてみる。丸ごと買うときは、目が澄んで、皮に光沢があり、えらが鮮やかな、新鮮な海の匂いのするものを。生臭い臭いがすれば、猫の餌。

必要なものは

よく切れる、刃の薄いしなやかな魚おろし用包丁

骨抜き

大きなまな板

胴に丸みのある魚をおろす

1 魚の背が手前に来るように魚を横向きに置く

2 ひれのあたりで頭を切り落とす

3 背骨に沿って、尻尾まで一気に切り分ける。鋸で引くようにしたり、たたき切ったりしてはいけない。できるだけ骨に近いところを、身が切り離せるまで

4 魚をひっくり返して、同様に

5 骨を抜かなければならない魚もある。二枚の切り身から不用な脂肪あるいは皮を取り除く

平たい魚をおろす

1 平らに置く

2 頭を切り落とす

3 背骨に沿って尻尾まで切り分ける。最初の切り身ができるまで、包丁に角度をつけて骨に沿って、一気に切り分ける。隣り合った部分も同様に

4 魚をひっくり返して、裏側も同様にふたつに切り分ける

5 骨を抜き、4枚の切り身から不要な脂肪、ひれ、あるいは皮を取り除く

切り身の皮を引く

1 平らでも丸みがあっても皮を下に、皮を切らないように注意して切り身の尾の方に少し切り目を入れる

2 包丁を傾け、身と皮の間で鋸を引くように注意深く動かす。皮をてこのように使い、ひっぱりながら、皮がはがれるまで切り分ける

皮を捨てないで！

サケの皮は豚肉の脂肪かす［脂身からラードを取ったあとのカリカリするかす］のように、塩を振ってぱりぱりするまでローストするとおいしい。砕いて温かいニース風サケのサラダのあしらいに。マス、タラ、オヒョウなど他の胴に丸みのある魚でも試してみて

海から

魚以外の海の生物：海の幸は食の幸

典型的なフランスの海産物は、まさに海の幸。厳かで食欲をそそり宴会にふさわしい。騒ぎを引き起こし、議論を呼び、大食を誘う。そして海産物は大きくふたつに分類される。エビ・カニなどの甲殻類と軟体動物である。

甲殻類は特権階級さながらのロブスター、カニ、エビ、小エビなど。軟体動物は頭足類（イカのように内側に殻がある）、腹足類（海産巻貝のように貝殻がひとつ）、そして二枚貝（永遠に人気のムール貝のようにちょうつがいのついた貝殻が 2 枚）。

もちろん棘皮動物のウニ、ナマコのように、ほかのよく知られていないどちらにも分類できない海産物もある。多くが生か軽く火を通して食べるのが一番だが、できるだけ新鮮なうちに、しばしば生きたままを調理するのがよい。

甲殻類

ロブスター　　カニ　　エビと小エビ

軟体動物：頭足類

コウイカ　　タコ　　イカ

86

軟体動物：腹足類

アワビ

エゾバイ

タマキビ貝

軟体動物：二枚貝

ハマグリとザル貝

カキ

マテガイとムール貝

棘皮動物

ホタテ貝

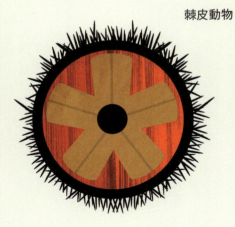
ウニ

ナマコ

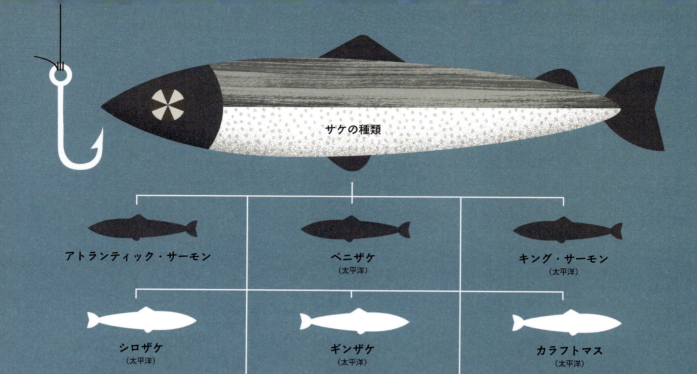

サケの種類

- アトランティック・サーモン
- ベニザケ（太平洋）
- キング・サーモン（太平洋）
- シロザケ（太平洋）
- ギンザケ（太平洋）
- カラフトマス（太平洋）

養殖
稚魚を海岸近くのステンレス製の飼育かごで、しばしば大量に飼育する。脂肪の多い、風味のない魚ができる。そのような集約的養殖法については、環境が犠牲になるという多くの議論が起きている

野生
サケは川底の砂利の中に産卵する。卵は孵化し、成長して川を下り、最後は海に到達する。成熟したサケは海で最長4年間過ごした後、川を上り始める

生
ごく新鮮なサケは生で刺身や鮨で、あるいはセビチェ［南米、とくにペルーの料理で、生の魚介類にタマネギと唐辛子を混ぜレモン汁でしめたもの］で食べるとおいしい

塩漬け
もっともありふれた食べ方は塩漬け（口当たりと風味が変わる）かもしれないが、しばしば塩だけでなく砂糖も用いられる。塩、砂糖、ディル、白コショウで漬けたスカンディナヴィアのグラヴラックスが有名

冷燻製
保存し、風味と口当たりをよくするために、サケの漬物を低温（30℃まで）で燻製にしたもの。スコットランド産が最上で、薄くスライスすれば、ベーグル、ライブレッド、ブリヌイ［そば粉のパンケーキ］やスクランブル・エッグに載せるのに最適

加熱
オーブンで焼く、バーベキュー、揚げ物、網焼き、ゆでる、フライパンで焼く、ロースト、蒸す

温燻製
温燻製（80℃まで）にしたサケは風味が強く、加熱もされている。フレーク状にしてサラダに混ぜ、パスタに入れたり、ホースラディッシュのソースとともにサンドイッチの具にしたりするのに最適

海から

サケ：魚の王

かつてはぜいたくな食材だったものが、今では世界中でもっとも熱心に消費されるもののひとつになっている。サケ——サケ科の脂肪の多い一族で、いわゆる「魚の王」——は、人間、クマ、鳥、魚、カワウソ、アザラシに等しく好まれている。良質なタンパク質、健康によいオメガ3脂肪酸や種々のビタミンを含む上に、味も一般受けする。需要が非常に多かったので、北半球では1960年代から養殖が行われてきた。アトランティック・サーモンはもっとも人気があり、すばらしい風味が称賛されているが、5種類の太平洋のサケは現在はるかに持続可能性のある選択肢で、天然ものも有機養殖種も養殖種も買うことができる。しかし私たちが食べている量だけでも、それぞれの種には問題となる。食用となるどんな動物についても、その由来を知ることが重要で、持続可能ラベルをチェックするか、魚屋に訊くとよい。

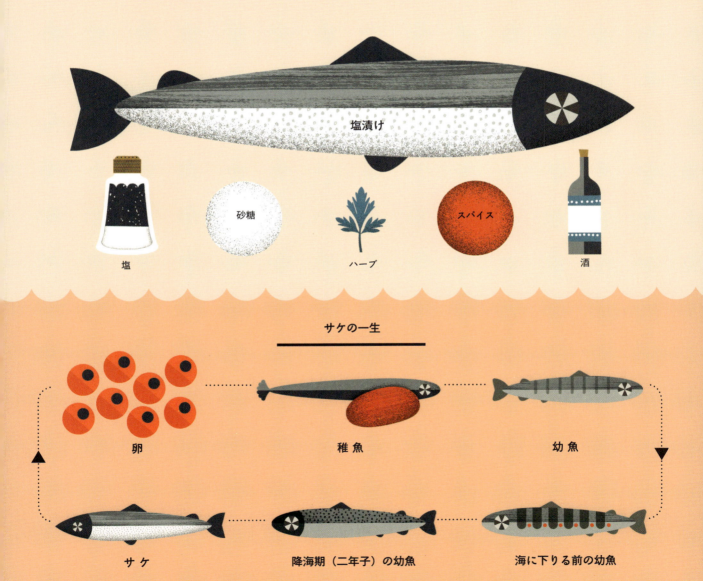

89

海から

海藻：ためらわずに

　ぬるぬるして魚臭い海藻は西洋ではちょっと評判が悪い。しかし東洋では何世紀にもわたって食べられており、毎日の食事のずっと多くを占めている。

　緑藻、褐藻、紅藻と三色に大きく分けられる海藻類は、1万種以上あるが、食用に栽培されているのは、数百種に過ぎない。緑のアオサのように、生でまたは加熱してサラダに入れられるものもあれば、アイルランド人の好む赤いダルスのように、干してスナックのようにかじられるものもある。

　たぶん海藻好きでは日本人が一番。とりわけ褐色のワカメはスープ、サラダ、茶にさえ使われる。昆布は自然の風味のよさが「旨味」の発見につながった。海苔はさまざまに利用されるが、干したものがもっとも一般的で、巻き鮨で重要な役割を果たす。

　しかし海藻は単に塩気があってまずいではすまされない価値がある。たとえば赤い海藻のトチャカは、そのゲル化および増粘作用が活用され、多様な食物に使われている。また安定作用のために石鹸からシャンプーまであらゆるものに入っている。ごく最近では海藻が塩の代わりに食物に加えられ始めた。そしてもちろんスーパーフードとしての地位も得ている。タンパク質、ビタミン、ミネラルに富み、脂肪が含まれない。陸の野菜は油断できない。新入りがいて、戦闘準備を整えているのだ…

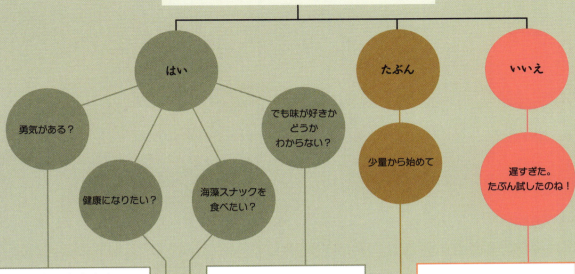

だから海藻を試したくなるでしょう？

はい
- 勇気がある？
- 健康になりたい？
- 海藻スナックを食べたい？
- でも味が好きかどうかわからない？

たぶん
- 少量から始めて

いいえ
- 遅すぎた。たぶん試したのね！

＊ラーバーブレッドを

日本では海苔と呼ばれ、スコットランドではsloke（スロウク）と呼ばれるこの海藻は、ウェールズでは煮てピューレにし、オートミールとパテにし、ウェールズの朝食にふさわしくベーコンの脂で炒める

＊アマノリで作るパン状の食物

海苔巻きを

ご飯と生の魚介と野菜を海苔で巻く。この日本の鮨は海藻を食べるのに、さっぱりして簡単で病みつきになりそう

でもゼリーを食べてるでしょう！

海藻由来の寒天が凝固剤として、完全菜食主義者のためにゼラチンの代わりにゼリーに使われることがある。ゼラチンはウシ、ブタから作られる

だしを

栄養のある日本のだしは、褐色のコンブに負うところが大きい。本格的な味噌汁のおいしいだしとなる

海藻チップスを

板海苔に軽く水を刷き、塩と七味唐辛子を散らし、150℃で10〜15分、またはパリッとするまでオーブンで焼く

調味料を

藻塩から七味唐辛子まで。七味唐辛子にはサンショウ、陳皮、ゴマ、ショウガ、海苔などが入っていて、これをかければ麺からビフテキまで何でもたちまちおいしくなる

海から
―
魚を変えてみる：
魚料理を進化させる

私たちはみな身に覚えがある。家庭料理のレシピだろうが、レストランで注文する料理だろうが、限定的な料理の規範に従っている。私たちはかくも習慣に捕らわれる生き物なのだ。

タラは？

テラピアをお試しあれ

ゴア風カレーでスパイシーに、酸味も加えて

トウガラシ、ココナツミルク、ニンニク、ショウガ、タマネギ、スパイス、タマリンド、トマト

*ハドックの燻製は？

シロイトダラの燻製を試してみて

**ケジャリーで米に加えて

バスマティ米［長粒種のイネ］、ゆで卵、カレー粉、レモン、タマネギ

*タラの 1 種
**インド由来のイギリス料理

*プレイスは？

****メグリムで**

***グージョンに夢中

厚く細長く切り、小麦粉（味付けした、またはスパイスを加えた）と卵（あるいはナチュラル・ヨーグルト）をつけ、パン粉、乾燥クスクス、ポレンタ［トウモロコシを粥状に煮たイタリア料理］または白ゴマをまぶす。炒めるか揚げるかオーブンで焼くかして、たっぷりのマヨネーズとレタスとトマトと一緒に厚切りの白パンにはさむ

* 西ヨーロッパの海域に分布するカレイ科ツノガレイ属の食用魚
** ヨーロッパ産の小型のヒラメ
*** 油で揚げた魚肉の一片

*ビーフ・ブリートは？

マコガレイで

スパイシーな魚のタコスで口当たりを試してみて

アボカド、コリアンダーの葉、トウモロコシのトルティーヤ、ハラペーニョ、ライム果汁、刻んだ白キャベツ、燻製風味のチポトレ・ソース［燻製にした唐辛子を原材料とする香辛料］、スイートコーン、マコガレイの切り身のてんぷら

*小麦粉で作られたトルティーヤに具材を乗せて巻いたメキシコ料理

そして魚についても同じ。クロマグロからアトランティック・サーモンまでの絶滅危惧種のリストを見さえすれば、同じ種ばかりを食べすぎていることがわかるだろう。

そこでいろいろ取り混ぜて、日ごろ食べているものを作ってみてはどうだろう。別の可能性を探って、異なる風味を試し、新しい料理をものにする。さあ、魚を変えてみよう…

サケは？

マスで

さらに進めて、魚肉団子に

粗く刻んだ生のマスを、ゆでてつぶした新ジャガとレモン果汁とハーブでまとめる。薄い円形にし焦げ目がついてマスに火が通るまで、油で焼く

マグロは？

サバで

サラダのレパートリーを格上げ

切り身にケイジャン［米国南部ルイジアナ州の料理。タバスコやチリなど辛いスパイスを効かせるのが特徴］の調味料を混ぜた小麦粉をまぶし、フライパンで焼き、ドレッシングをかけたクレソン、ローストしてクミンをまぶしたヒヨコ豆、櫛形に切ったオレンジの上に載せる

ソーセージ・キャセロールは？

ナマズで

チョリソ、ナマズ、ライ豆のシチューで風味をつけて

ライ豆、チョリソ、ニンニク、タマネギ、パプリカ、パセリ、缶詰のトマトと

だしを取る

魚のだしで家が臭くなると思えば気が進まないかもしれないが、カレー、スープ、シチューなどに風味の注射のように効くエビのだしはすぐにできる。エビ料理の際に出る殻と頭を残しておく。フライパンに少量のナタネ油を入れ、殻が鮮やかなサンゴ色あるいは赤に変わるまで強火で炒める。エビが隠れるくらいに水を加え、木のさじの背で殻を砕く。沸騰させ約10分間ぐつぐつ煮る。裏ごし器に注ぎ、殻を押し付けて風味を最大限に引き出し、味付けする。このすばらしい味の新兵器を意のままに使いこなして！

93

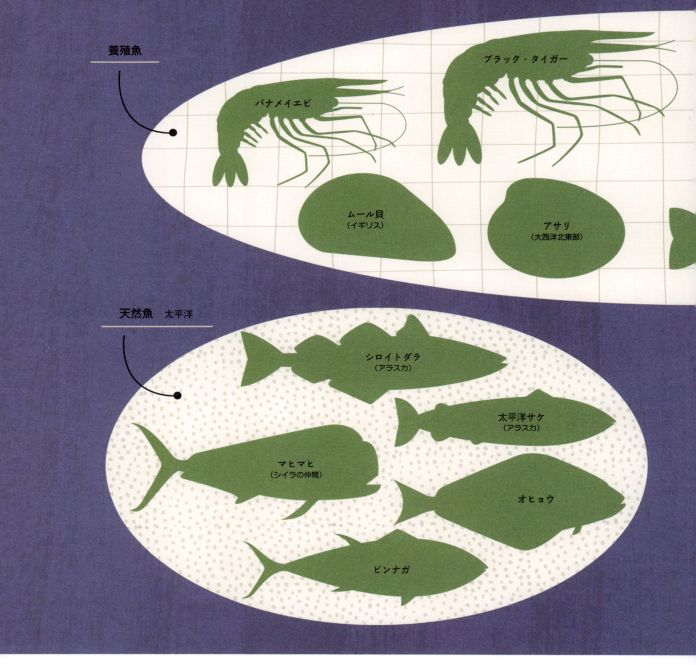

海から

**持続可能性：
イエスかノーか**

どんな動物でも食べてよいかどうかはむずかしいが、水産養殖に関しては、どの魚やシーフードを食べてもよいかが、とくに紛らわしい。理論的には養殖場は天然の水産資源を補充することを可能にするものだが、しばしばサケのような肉食養殖魚の餌として天然の魚が捕獲されている。サケは自分の体重のゆうに3倍以上を食べることができるのだ。また病気がふえ、次に抗生物質やワクチンの使用がふえ、水や付近の生態系、そして魚自体が汚染されるリスクもある。それにもちろん、本来海全体を自由に泳ぎ回る魚をせまい場所に囲い込む集約的養殖場に関しては、考慮すべき倫理的問題もある。

しかしトロール網漁や増え続ける

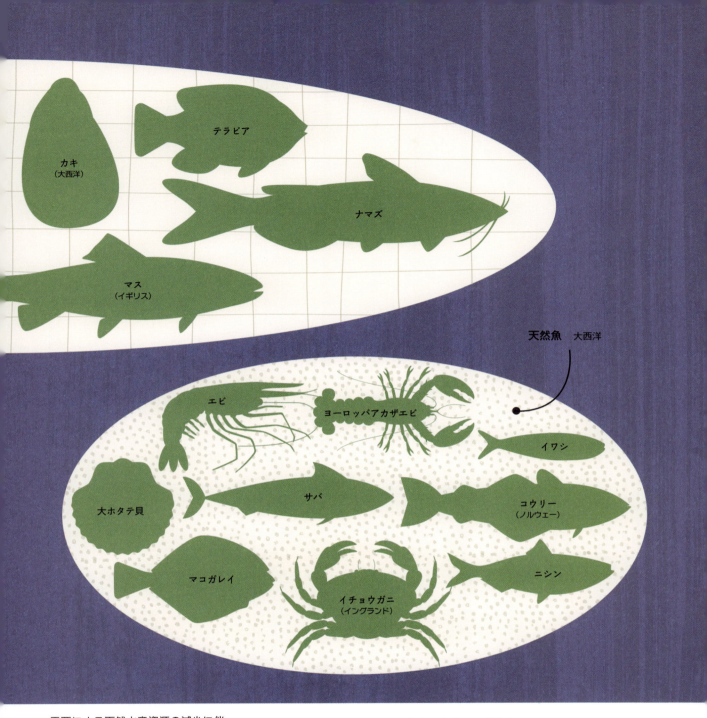

需要による天然水産資源の減少に伴い、環境破壊が起きているときに、私たちは何を買ったらよいのだろう？ 魚屋に魚の漁場についてたずね、また持続可能性の表示や証明の有無をチェックしてほしい。

食べてもよいかどうか

はい　　たぶん　　いいえ

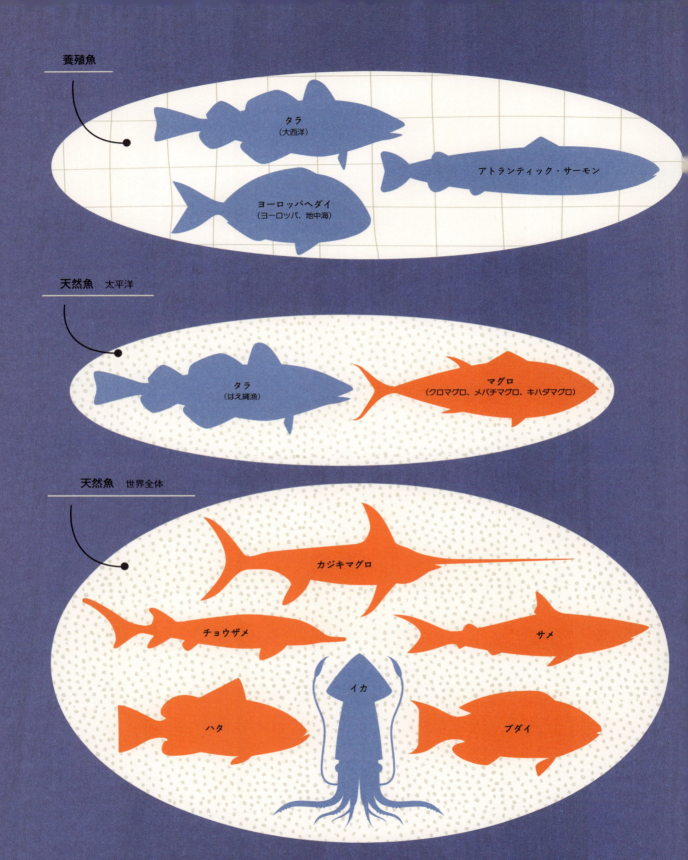

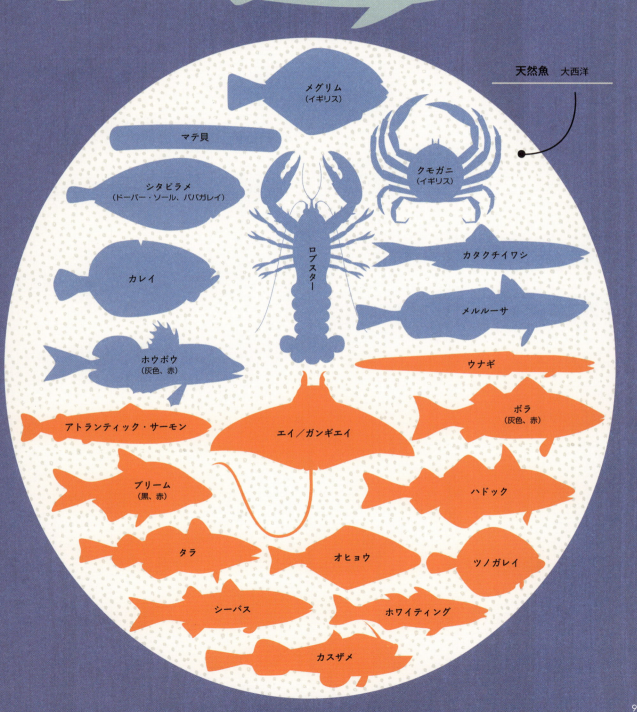

戸棚から
—

振り出し容器に入れる
塩で、しばしばヨウ素
と凝固防止剤が加えら
れている。むらなく行
き渡るので、ベーキン
グには最適

精製食卓塩

ヒマラヤ山脈の麓で採
れる。ミネラルが多く、
鮮やかなピンク。「清
らか」な塩と考えられ
ているので、もっとも
高価な塩のうちに入る

ヒマラヤ岩塩

実際にはピンクあるい
は灰色だが、黒塩とし
ても知られる。強い「卵」
臭があるが、完全菜食
主義者に好まれている。

カラ・ナマク
(黒岩塩)

一般に結晶が大きく粗い。もっとも有
名なのは、フランスのブルターニュ地
方のフルール・ド・セルで、すばらし
い風味があり、仕上げに最適

海塩

すべての塩が
同じように
できるわけ
ではない

フランスのもうひと
つの特産品。塩田の
内側の粘土から吸収
される鉱物のために、
灰色がかっている

ゲランドの塩
(セル・グリ)

ハワイの海塩で、ミネ
ラルの多い火山の粘土
が混じり赤い。活性炭
を添加された黒いヒ
ワ・カイという海塩も
ある

アラエア・ソルト

いぶした、あるいはト
ウガラシ、ハーブ、ト
リュフのような風味を
つけた塩。バニラの香
りをつけたものさえあ
る

フレーバード・ソルト

戸棚から

塩：地の塩
[マタイによる福音書の第 5 章 13 節より]

「基本的」と呼べる食材があるが（チリソース、マヨネーズ、チーズが私のベスト 3）、人間にとって必要不可欠なものは、塩をおいてほかにはほとんどない。地下数百メートルの所から掘り出された塩も、道路が凍らないように撒かれる塩も、海水から作られてスクランブル・エッグに振りかけられる塩も、化学的組成は同じ。塩に含まれるナトリウムと塩化物（どちらも当然私たちは作ることができない）は、脳に神経信号を送り、筋肉を動かし、栄養分を吸収し、体液を調整するのに決定的な役割を果たしている。

しかし健康に関わる性質はさておき、もちろん食物を味わうのにも欠かせない。五つの重要な味のひとつとして（ほかには甘味、酸味、苦味、旨味）、塩は食材をおいしくする。苦味を減らし、甘味を増やし、バランスをとる。防腐剤として使われ、食感をよくし色を鮮やかにするために、さらに研磨剤として用いられる。そしてそれらの用途は、美容または洗浄だけでなく悪霊を払いさえする（すばやくつまんで、左の肩にかける）、というように何百とある使い道のほんの一部に過ぎない。

私たちの体には平均して 250 g の塩が含まれている。それは振りだし容器 3 本から 4 本分！

塩の 40% がナトリウム、60% が塩化物

世界保健機構が薦める 1 日の塩の摂取量は 5 g 以下（小さじ 1 杯以下）

氷水に塩を加えると、ビールが早く冷える

塩は必ずしも単なる調味料だっただけではなく、通貨でもあった。古代ローマの兵士の給料は塩で払われ、奴隷は塩で買われた

ひとつまみの粗塩を加えるとニンニク・ピューレが特別なめらかになる。塩は調味料としても研磨剤としても働く

101

戸棚から

砂糖：食物界の新たな問題児

風味もほとんどなく、ビタミン、ミネラル、タンパク質も含まれないのに、砂糖が日々の食物に重要な役割を果たしているのは、驚くべきことである。しかし有効な甘味料で、風味を高め、エネルギー源となり、比較的安いので、砂糖なしの生活は考えられない。元気をつけるためにコーヒーに入れ、果物に振りかけ、ふわふわのメレンゲに入れるなど非常に多くの使い方がある。

歴史的にはまずハチミツが用いられた。今日使われている砂糖の主な原料はサトウキビで、もともとアジアで栽培されていた。それが商業的農業のために熱帯地方に植えられるようになったもの。

茎には甘い多汁の髄が詰まっているので、液を絞り、さまざまな段階を経て精製し、白砂糖にする。ビートの親類テンサイは砂糖の第二の原料で、もっと寒冷な気候で栽培される。

しかし原産地がどこであれ、高度に精製された砂糖は食物界の新たな問題児で、栄養学者は一団となって砂糖を避け、別のものに置き換えるよう呼びかけている。多くの人々が今や別の可能性を探っているのは、ひとつには、コーンシロップのような隠れ糖分や人口甘味料を含む加工食品ならびに発泡性のソフトドリンクの消費量が増えたせいでもある。

もっとも甘いもの

サトウキビとテンサイは砂糖の原料の1位と2位だが、サトウキビが精製のさまざまな段階で利用されるのに対して、テンサイは精製された白砂糖になるだけ

精製が少ない ←

ブラック・モラセス（廃糖蜜）	ダーク・ブラウン・シュガー（黒砂糖）	デメララ・シュガー［ブラウン・シュガーの一種］	ライト・ブラウン・シュガー
黒く、濃厚で、粘り気があり、苦味がある	湿って、べとべとして、甘ったるい	ガリガリしていて、バタースコッチ風味	柔らかで、淡色、キャラメルのような香り

→ 十分に精製

ゴールデン・シロップ（糖蜜）	ゴールデン・シュガー	白砂糖
粘り気があり、淡色で、とても甘い	淡色、ハチミツのような風味	風味なし、甘い

粉砂糖
すべての精製白砂糖のうちもっとも細かい粉末状

上白糖
大変細かくすぐに溶けるのでベーキングに理想的

グラニュー糖
中型の結晶で、歯ごたえのために使ったり、コーヒーに入れたりする

プリザーヴィング・シュガー
結晶が大きく、グラニュー糖よりゆっくり溶けるので
ジャムやマーマレイドを作るときに

キャンディー代わりの茎

サトウキビが栽培されている国では、生の茎をお菓子のように噛んで汁を啜る

香りづけ！

風味がなくて甘いだけなので、白砂糖は香りをつけるのにうってつけ。砂糖に使用ずみのバニラのさやを数週間入れておくと、うっとりするような甘い香りがつく。ほかにお気に入りは、カルダモンのさや、シナモン・スティック、ラベンダーのつぼみ、レモングラス・スティック、あるいはタイム

公正価格のための
フェア・トレード

砂糖が公正に栽培され、収穫されていることを保証するフェア・トレードのシンボルを探して

戸棚から

無発酵パンの世界

パンはこねて発酵させるのに何時間もかかると思われているのでは？ でも素朴な薄いパンは世界中にあって、さまざまな穀粉が使われており、種々のトッピングのベースとして申し分ない

メキシコ：トルティーヤ
ひき割りトウモロコシ粉、水、塩

中国：焼餅（シャオビン）
小麦粉、水、ゴマ（折ったり、巻いたり）

イタリア：ピアディナ
精白小麦粉、ラードまたはオリーヴオイル、水、塩

インド：ロティ
小麦粉、水、塩、ギー［液状バター］

スカンディナヴィア：ライ麦、小麦、大麦の薄いカリカリのパン
種々の穀粉、水、塩

ノルウェー：フラットブレッド
小麦粉／大麦粉、塩、酸乳

インド：チャパティ
全粒小麦粉、水、塩、ギー

エジプト：マツォ
小麦、大麦、ライ麦、スペルト小麦あるいはカラス麦の粉、水、塩

ノルウェー：レフセ
小麦粉、ジャガイモ、水、塩

アルメニア：ラヴァシュ
小麦粉、水、塩
（紙のように薄く乾いている）

アメリカ：乾パン
（あるいは船のビスケット）
小麦粉、水

アイスランド：フラットカカ
ライ麦粉、水、塩

**スコットランド：
バノック／オートケーキ**
ひき割りカラス麦、バターあるいはベーコンの脂、水、塩

インド：パーパド
ウーラット豆／ヒヨコ豆／チャナ豆粉、水、塩、コショウ、クミンシード

いつもイーストで膨らむわけではない

パンをすぐに食べたい？ イーストの代わりに、重曹、酸、あるいはベーキングパウダーのようなものを使っても膨らむので、簡単にパンをつくることができる

アメリカ：小型の円いパン
小麦粉、バターミルク、バター、重曹、塩

ベルギー：ワッフル
小麦粉、バター、ミルク／バターミルク、ベーキングパウダー、塩、砂糖、卵

アメリカ：コーン・ブレッド
トウモロコシ粉、砂糖、バターミルク、重曹、塩

オーストラリア：パフタルーン
小麦粉、ベーキングパウダー、ミルク、バター、塩、ベーコンの脂で焼く

スコットランド：ポテト・パンケーキ
ジャガイモ、小麦粉、バター、塩、ベーキングパウダー

アイルランド：ソーダ・ブレッド
小麦粉、バターミルク、重曹、塩

フランス：パン・デピス
小麦粉／ライ麦粉、ハチミツ、バター、ベーキングパウダー、スパイス

チベット：バレ・コルクン
小麦粉、ベーキングパウダー、水

イングランド：*グリドル・スコーン
小麦粉、砂糖、バターミルク、バター、重曹、塩

セルビア／バルカン半島：ローヤ
トウモロコシ粉、バター／油、塩、ミルク／ヨーグルト、卵、ベーキングパウダー

*鉄板で焼いたスコーン

穀粉：その力

　ケーキの土台、ビスケットのつなぎ、パンのもととなる穀粉は、もっとも重要な食材のひとつ。基本的には穀粒を挽いて作った粉末で（豆、ジャガイモ、ナッツ、そして何種類かの根も挽くことができる）、石器時代から料理に使われてきた。誰かがイーストを入れることを思いつく前には、穀粉を水でこねて、現在薄焼きパンとして知られている無発酵パンを焼いた。これらのもっとも素朴なパンは今日でも世界中で焼かれ、膨らますには簡単にすばやくできる手ごろな方法が用いられている。

戸棚から

オリーヴオイル：
地中海人の元気のもと

大半の料理は、油とともに始まる。泡立ててドレッシングに、かき混ぜてマリネに、あるいは鍋に注いで。油は世界中の常備食品である。

少なくとも味に関しては、もっとも人気のある油のひとつがオリーヴオイル。不飽和脂肪（よい脂肪）が多く、トランス脂肪がなく、飽和脂肪（悪い脂肪）が少ないのに加えて、コレステロールを減らし、心臓、関節、脳の機能の健康を維持する助けとなるビタミンE、オメガ3とオメガ6などの抗酸化剤が含まれているので、健康によいと称賛されている。

50%
世界のオリーヴオイルの50%は、スペイン産

オリーヴオイルの保存
空気、熱、光、無精は敵。どんなに都合がよくても、瓶をレンジのそばには置かない。コルク栓とねじ蓋はいいけれど、注ぎ口があるものは避ける（酸化するといやな臭いがする）。暗く涼しい場所に保管。古い油はよくないので、少しずつまめに買って、いつも新鮮なものを！

ライト・オリーヴオイルは最後の圧搾の後、精製して不純物を取り除いたもの。しばしば薄い色で風味がなく、香りもない。煙点が高いので、ベーキングや炒め物によい

ヴァージン・オリーヴオイルは最初の圧搾からできるが、酸味が強く（酸度2%以下）、煙点は中程度。ドレッシング、マリネ、ソテー、グリルに最適

色、匂い、味は、地方によってまるで違う

オリーヴオイルは
しばしばその果物のような、
苦味のある、ピリッとする
風味が評される。バターの
ようで花のようなことも、
スパイシーで辛味が
あることも、青臭くて
苦いこともある

選りすぐりは
最初の圧搾の前に、
砕いたときに
自然ににじみ出る油で、
もっとも高価なものは
すばらしい風味がある。
生でだけ使う

オリーヴの収穫は手で、あるいは機械で木を揺すって果実を落として行われる。果実をすりつぶしてペースト状にしたものを遠心分離機にかけて油を分離し、等級に分けて、瓶に詰める。油を漉す、あるいは化学的に精製することもあるが、こうすると一般に劣化する。

オリーヴの種類だけでなく、ワインのように、土地、気候、生産者が油のできを大いに左右する。単一種の、単一の畑のオリーヴオイルを買うこともできるが、多くはブレンドされている。風味、健康によい性質、そして適切な使い道はすべてあなたの買うタイプ次第。だからよく確かめて！

エクストラ・
ヴァージン・
オリーヴオイルは
最初の低温圧搾からでき、
風味と酸度（0.8％以下）
によって格付けされる。
風味、香気、栄養分に
すぐれている。
生でディップとして、
ドレッシングに、
料理の仕上げ
のソースに

210°C

オリーヴオイル

180°C

煙点を知って

どんな油も加熱し過ぎると、栄養分が失われ、風味が損なわれる。オリーヴオイルを高温の揚げ物に使ってはいけない。代わりにナタネ油、ヒマワリ油、あるいは植物油を

24

ギリシアでは年間に
一人当たり 24 ℓ を
消費する

107

戸棚から

醤油：アジアの調味料

香辛料、調味料、食材、ディップ、マリネ、その他、醤油は西洋における塩のように、東アジアのどこの料理にも使われている。その製法は何千年も前のもので、いくつもの種類がある。濃いもの、薄いもの、あるいは色の濃いもの、薄いもの。しかしもっともよく知られているのは、その深い味。完全に植物由来にもかかわらずほとんど肉のような風味を持つ。伝統的な方法で作れば発酵に1年以上かかるが、この自然醸造を現代の手法で行えば3か月に短縮できる。最短の場合は化学的な加水分解を用い、種々の酸、保存料、甘味料、人工調味料を加えて数日で作れるが、非常に質が悪いので、買おうなどとは思わぬこと。

醤油の種類

アジアの国々には、小麦（ゆえにグルテン）を含まない日本の贅沢な溜まり醤油からインドネシアの黒大豆を原料とする濃い黒いケチャップ・マニスまで、独自の醤油がある。椎茸入りの醤油さえ買えるが、手に入れるべき主な2種類は薄口と濃口。薄口醤油は最初の圧搾でできたもので、薄く、塩気が強く、色も薄く、調味料として、またディップに加えて使われる。濃口醤油（古式醤油とも呼ばれる）は、熟成期間が長く、色が濃く（しばしば糖蜜やコーンスターチが加えられる）、料理に、またマリネに最適

109

戸棚から
—
サフラン：
世界一高価なスパイス

サフランの柱頭は
何千年にもわたって
料理、染め物、薬に
使われてきた

黄色の「雄蕊」は
料理には役立たない

クロッカス属は 80 種も
あると考えられているが、
サフランが採れるのは
Crocus sativus だけ

球根に花は
ひとつだけ

スパイスが本物か確認して

本物のサフランは高価で、その柱頭は深
紅または濃いオレンジ色。大きさは一様
でトランペットのような形をしている。
よいサフランは黄色い雄蕊（香りはない）
が多すぎないし、花弁もきれいで、わず
かに金属的な花の香りがする。生育地に
よっては、穏やかな甘味の中にわずかな
苦味が混じる。直射日光を避けて保存す
る。粉末サフランを買うことはできるが、
信用のおける店にすること。いとも簡単
に偽物を作ったり、混ぜ物をしたりでき
るので

ISO 3632

国際標準化機構には、主に色、風味、
香りを科学的に測定しサフランを判定する
独自の基準がある。それぞれのレベルが
高いほど、よいサフランになる

110

金

重さでくらべると、サフランは金より高価なこともあるので、世界一高価なスパイス。幸い料理ではその金色はそれほど必要ない。ほんの数本で十分。このスーパー・スパイスは効きすぎるので、使いすぎないように気をつけて

ティータイム

粉砕処理をしていないサフランは、ほかのスパイスとはちがって、直接料理に加えることはできない。軽くあぶって、乳鉢と乳棒ですりつぶす、あるいは一番よいのは、温かい湯、ストック、またはミルクのような液体に浸して煎じること。長く置くほど（最短でも20分から最長24時間まで）、風味はよくなる

サフラン詐欺師

サフランが売られるようになってこの方、代用品が流通してきた。もっともよくある代用品あるいは粗悪品は、黄色いベニバナ（油を採るのにも使われる）とスパイスのターメリック。安ければ、サフランじゃない！

料理しよう！
世界中の典型的なデザートや料理で、サフランを試してみよう

- イタリアのミラノ風リゾット
- スペインのパエリャ
- スウェーデンのパン、ルッセカッター
- イランの*チェロ・カバブ
  *挽肉の串焼きとご飯
- フランスのブイヤベース
- イギリスのサフラン・バン

戸棚から

トリュフ：フェロモンのにおい

グルメにとって金より貴重なトリュフは、地下の宝物。キノコの一種で土の中に埋もれているが、ふつうオーク、ハシバミ、ライムの木の根元で見つかる。黒白ふたつの主な種類があり、もっともすばらしい黒トリュフはフランスのペリゴール産。崇められている白トリュフはイタリアのピエモンテ州アルバ産が有名。黒トリュフは料理に使えるが、白トリュフは繊細なので付け合わせとして生で食べられるだけ。いずれにしろ高価で、1kg当たり1,000〜3,600ポンドもする。できるだけ新鮮なうちに食べないと、香りが失せ、苦くなり始める。というわけで麝香のような香りで、芳醇で、刺激的なこのキノコの何がそれほど私達を惹きつけるのだろう？　たぶんそれはアンドロステノールで、独特のにおいの元になっている。雄豚の唾液にあるのと同じフェロモンで（ちなみに雌豚にはたまらない）、人間の男性のわきの下からも出る性ホルモン。びっくり！

集めるのは

トリュフ狩りには伝統的に豚が使われていたが、豚は人間とほとんど同じくらい食欲なので、その場でムシャムシャやらないとも限らない。今では11月から3月までのトリュフの季節には一般に犬が使われている

貴重品

最近のもっとも大きな白トリュフは、2014年にイタリアのウンブリアで見つかったもので、1.89 kg。アメリカのオークションで5万ドルで競り落とされた。4年前には半分の大きさで417,200ドルだった

戸棚から

—

米：世界の糧（かて）

人間の消費に関して、米はもっとも重要な栽培穀物である。世界中の穀物の定番で、食糧となり、収入源ともなる。欠くことのできない炭水化物で、多くの料理でエネルギーと風味のもとになる。インドネシアの焼き飯ナシゴレンから、イギリスの甘くて柔らかいライスプディング、中国の薬膳粥、スペインの魚介とサフランを加えたパエリャまで。

米には夥しい種類と分類法があるが、肝心なのは用途に応じて買うこと。長粒米は香りのある粘り気の少ない穀粒がゆでたり蒸したりするのに最適で、トルコのピラフや西アフリカのジョロフ〔炊き込みご飯〕に用いられ、中粒米はイタリアのリゾット、モルテンに、粘り気のある短粒米は日本のおいしい鮨に、あるいは餅に使われる。

大半のレシピでは精白米が使われるが、黒米、赤米だけでなく玄米（わずかに栄養価が高い）も使うことができる。米の料理法はそれぞれだが、バスマティ米のような長粒種の場合、私はいつも次のように決めている。米を2倍の量の塩水に入れて火にかけ、水がなくなったら、火から下ろして蓋をし、米がふわっとして、他の料理ができるまで蒸らしておく。仕上げにバターをひとかけら入れても悪くない。

米を栽培しているのは、**100**か国以上

3rd
作物としての生産量は、サトウキビ、トウモロコシに次いで世界第3位

158
地球上の稲の作付面積は1億5800万ヘクタール

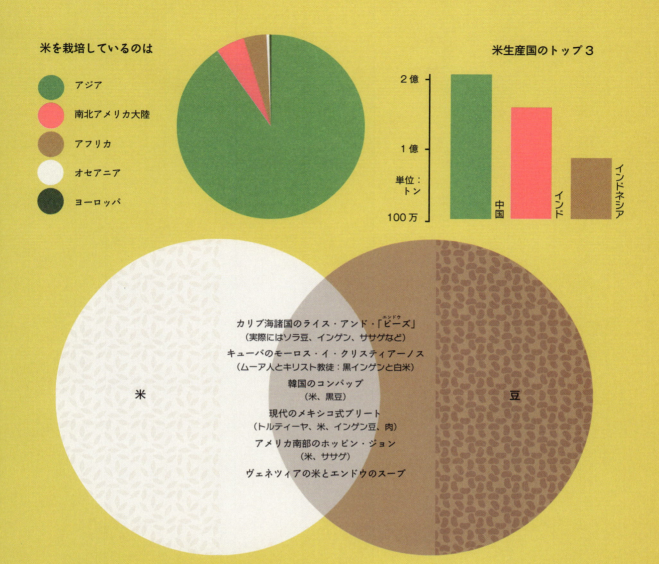

米を栽培しているのは

- アジア
- 南北アメリカ大陸
- アフリカ
- オセアニア
- ヨーロッパ

米生産国のトップ3

2億
1億
単位：トン
100万

中国　インド　インドネシア

米

豆

カリブ海諸国のライス・アンド・「ピーズ」（エンドウ）
（実際にはソラ豆、インゲン、ササゲなど）

キューバのモーロス・イ・クリスティアーノス
（ムーア人とキリスト教徒：黒インゲンと白米）

韓国のコンパップ
（米、黒豆）

現代のメキシコ式ブリート
（トルティーヤ、米、インゲン豆、肉）

アメリカ南部のホッピン・ジョン
（米、ササゲ）

ヴェネツィアの米とエンドウのスープ

残り物を最大限に活用せよ！

西洋

1. 残り物のアルボリオ米のリゾットをゴルフボール大に丸める
2. 真ん中に小さな角切りのモッツァレラを詰める
3. 小麦粉をつけ、かき混ぜた卵の黄身にくぐらせ、パン粉をつける
4. こんがりするまで少量の油で揚げる
5. トマト・チャツネあるいはトマトソースと共に供する

東洋

1. バスマティ米か長粒米の残り物
2. 刻んだネギ、ニンニク、ショウガ、トウガラシのスライスを無臭の油を使い高温の中華鍋で炒める。米を加えて火が通り、パリッとするまで炒める
3. くぼみを作り、卵を割り落とし、半熟にする
4. 箸で崩して、米となじませる
5. 仕上げに生のコリアンダーの葉を

115

戸棚から

麺：
うどんから春雨まで

　見たところこんなにもシンプル――基本的には穀粉と水だけ――で、同時にこんなにもおいしくて、おもしろいものがあるだろうか？　作るのも食べるのもすぐにできて、安くて、おまけに元気が出る。学生の燃料であり、中国人にとっては一般に好まれる誕生祝いで（ケーキのことは忘れて！）、世界でもっとも人気のある料理のいくつかの主要な要素。フォーやラーメンに麺がなかったらどう？

　というわけで、麺の起源は？　イタリア人とアラビア人は、人気のもとは自分たちが始めたレシピだと主張するかもしれないが、考古学者は賛成しないだろう。2005年中国北西部で4,000年前の土器が発見されたが、中にはキビ粉でできた長く細く薄黄色の麺が完璧に保存されていた。

　今日麺の素材は（少なくともアジアでは）、主な4種に分けられる。小麦粉がもっとも一般的だが（うどん、ラーメン、素麺）、ソバ粉（蕎麦）、米（ビーフン）、卵もある。また緑豆からも（それで春雨は柔らかくて透明）、さらにサツマイモからさえ作られる（韓国では一般的でチャプチェとして野菜と炒められる）。

1958
日本で即席麺が発明された年

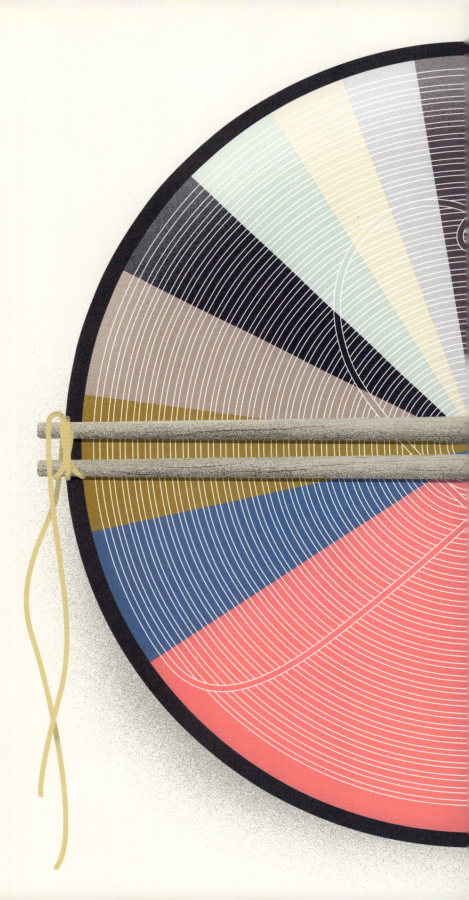

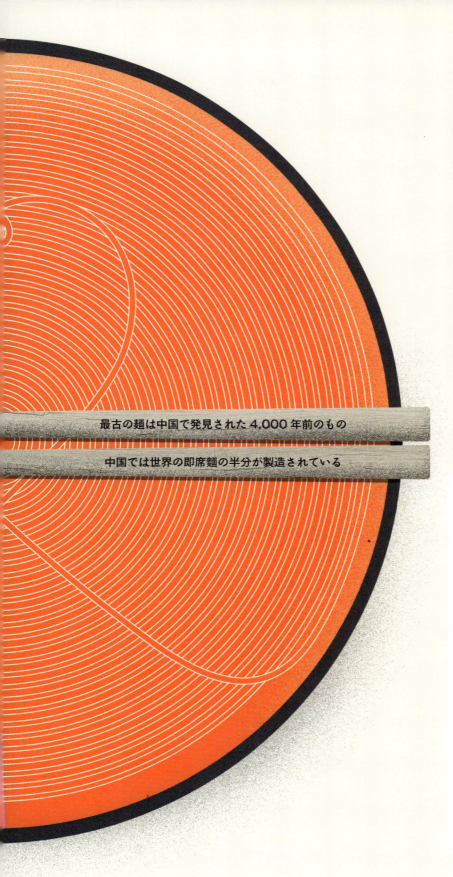

麺は平たいことも、太いことも、細いこともあるし、引き伸ばして作られることも、麺棒で延ばされることもある。麺のある国では、さまざまな名前、スタイル、仕上げ方がある。老鼠粉（ローシーフェン）なるものさえある。この名称は素材（米粉）ではなく、短くて先細の形にちなむ。

即席麺の場合は湯を注いで2分待てばいいだけ。これもばかにはできない。2013年には世界中で1,056億杯が消費された。大部分は伝統的に箸で食べられているが（スープがある場合にはさじも）、西洋ではフォークが一般的。

けれどもこれらの麺に共通するのはその食べ方で、麺はいそいそと音をたててすすり込まなければならない。こうすると麺が冷め、風味がよく味わえるだけでなく、料理人への感謝を表すことにもなるのだ。そして決して麺を箸で千切らないこと。長い麺は長命を意味し、噛み切ることだけが許されている。

最古の麺は中国で発見された4,000年前のもの

中国では世界の即席麺の半分が製造されている

即席麺消費国トップ10

- 中国　462億2,000万杯
- インドネシア　149億杯
- 日本　55億2,000万杯
- ヴェトナム　52億杯
- インド　49億8,000万杯
- アメリカ　43億5,000万杯
- 韓国　36億3,000万杯
- タイ　30億2,000万杯
- フィリピン　27億2,000万杯
- ブラジル　24億8,000万杯

戸棚から

**パスタ：ラザーニェから
リングイーネまで**

パスタには生麺（しばしば00番小麦粉［0は製粉の細かさのグレード］と卵）も、乾麺（たいていは単純にデュラム小麦粉と水）もあるが、常に「アル・デンテ」（歯ごたえのある状態）で供されるべきである。これは文字通りに言えば、「歯に」という意味。

パスタ料理の肝は、大なべに沸かした湯に好みのパスタを投じることで、1リットルの水に100gのパスタと塩をたっぷりひとつまみが、一般的。

装飾的パスタ

アルファベート

フィオーリ

詰め物パスタ

カンネッローニ

シート　ラザーニェ

極小パスタ

アネッリーニ

ディタリーニ

オレッキエッテ

コンキリエ

ファルファッレ

ステッリーネ

カラメッレ

ラヴィオリ

アニョロッティ

トルテッリーニ

オルツォ

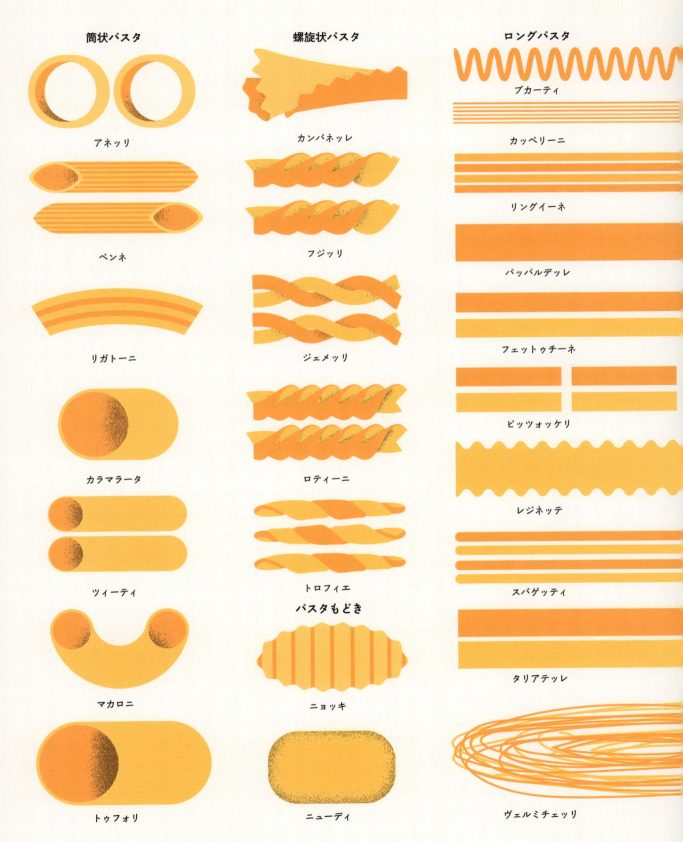

戸棚から

豆腐：肉なしで

厨房では意図せずに偶然おいしいものができることがある。しかしアジアで起きたそんな「まちがい」は、料理の支柱となった。豆腐はたまたま中国の料理人が豆乳をにがりで固めてしまって以来、2,000年以上にわたって基本食品となっており、あっさりした味で多様な口当たりから、アジア全域で何百種もの料理に使われている。何も描かれていないキャンバスのように、各地域のもっと刺激のある風味を生かすことができるので、西洋でも肉なしの選択肢として取り入れられている。

ビタミンBとときにカルシウムが多く含まれるというすぐれた栄養価の点でも、広く薦められてきた。そしてもちろん完全なタンパク源（大豆がベースで、100g中タンパク質は約8g）なので、ベジタリアンや完全菜食主義者にも等しく好まれている。

豆腐はまた大豆そのものより、ずっと消化しやすい。製造過程で、消化抑制酵素だけでなく繊維質の外層が除去されるからだ。さらにすべての大豆食品同様、「悪玉」コレステロール値を下げることでもよく知られている。加えてイソフラボンにも富む。イソフラボンは骨粗鬆症のリスクを減らし、更年期障害を改善し、乳がんと前立腺がんの罹患率を下げるとも言われている。

豆から豆腐へ

1. 乾燥大豆を2倍の大きさになるまで、12〜14時間水に浸す

2. 豆をつぶし、水煮して消化を抑制する酵素を無力化する

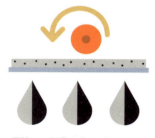

3. 圧搾して豆乳を作る（殻と繊維を取り除く）。しぼりかす（おから）は家畜の飼料に［東アジアではおからも貴重な食材になる］

4. 豆乳に凝固剤を加えて固める（チーズの製法と似ている）

5. 固まったものに圧力をかけ水分を搾ると大きな塊ができる（搾り出された水分の量が豆腐の最終的な歯ごたえを決める）

6. できた豆腐は切り分けて水で洗い、日持ちするように低温殺菌する

豆腐の種類

絹ごし豆腐

水分の多い絹ごし豆腐は、凝固した豆乳を圧搾排水していないので、柔らかくさじですくうことができる。デザートにも料理にも、乳製品や卵の代わりにしばしば用いられる

木綿豆腐

中位の堅さのこの豆腐は、柔軟で指で押すとすぐ元に戻る。外側は固まっているかもしれないが、中は堅めのカスタードのようで、スムージーや和え物に、堅めのものは、炒め物、カレーなどにも使える

特別堅い豆腐

水分をすべて抜くと非常に堅い豆腐になる。中国人は「豆腐干(トオフーガン)」と呼ぶ。弾性があり濃厚で、角切りにして炒めたり焼いたりするのに最適。さらに「クランブル」[煮た果物に小麦粉、ヘット、砂糖の練り合わせを載せて焼いたもの]や「スクランブル」[バターやミルクを加えてかき混ぜながら炒める]に、漬物や燻製、バーベキューにさえ用いられる。このもっとも堅い豆腐には、タンパク質、カルシウム、ビタミンが一番豊富に含まれてもいる

そのにおいは？

肉や野菜を保存するのと同様、昔から豆腐を発酵させ、漬物にしてきた。長持ちするが、その過程で風味が変わる。豆腐を干すと、バクテリアによる発酵がゆっくり起こる。発酵した豆腐は塩水に浸し、酢、トウガラシ、味噌、あるいは豆板醤をさまざまに組み合わせたものに漬け、色づけに赤い発酵米が加えられることもある。しかしもっとも刺激が強いのは、「臭豆腐」として知られているもので、植物や魚から作る発酵液に漬けて発酵させる。腐臭がするかもしれないが、おいしいと思う者もいる

風味を吸う？

スポンジのような口当たりからほかの風味を吸わせるのによいと思われるかもしれないが、それはちがう。超多孔タイプの凍豆腐でなければ、あるいは水分の多い豆腐に6時間で完全に風味を染み込ませられる真空調理機でもない限り、むずかしい。だから伝統的に肉にしてきたようにマリネにするのはやめて、代わりに焼き目をつける。豆腐を焼けばこんがりパリパリした皮ができ、これにお好みの風味をつけられる。ハチミツからショウガ醤油、甘いチリソースあるいはサテーソース[トウガラシを効かせたピーナッツとココナツミルクのソース]まで

戸棚から
レンズ豆：豆知識

　もっとも古い食材のひとつでアジアからアフリカの料理によく使われるが、下手をすると、もっともぱっとしない材料ともなる。その健康的なレッテル——野菜の中では大豆の次にタンパク質の含有量が多い——は役に立たず、ベジタリアンや完全菜食主義者だけの大好物で、炒り豆、豆バーガー、風味の乏しいスープなどあらゆる方法で酷使されてきた。しかしよい豆を選び、適切に調理味付けすれば、たぶん貯蔵食料の中ではもっとも用途が広いと言ってもよい。

　ヒヨコ豆やインゲンなどの缶詰で切り抜けることはできるかもしれないが、粥のようになるのを避けたければ、いつも始めからレンズ豆で調理すること。調理に20分しかかからないのだから、できないと言い訳はできない。水を張った鍋に入れて沸騰させ、コトコト煮る。フランスのピュイ産やスペイン産のように、小粒のレンズ豆は、形を保ち、アル・デンテに調理できるが、もっと大きいか挽き割りになっているものは、コトコト煮てクリーム状のピューレにできる。調理後まだ温かいうちに塩とスパイス、または塩かスパイスで、さらにヴィネグレットソースでさえ、味付けすればよい。

レンズ豆は仲間の豆のようにさやから取り出す。さやにはひとつかふたつしか入っていないこともよくある

カステルッチョ産レンズ豆

イタリアのレンズ豆で、色は緑色か茶色（斑入りのこともある）。小さくて土臭い。シチューやカレーに入れるとおいしい。または米やジャガイモの代わりに

ミルポワやベイリーフと炒める

鶏肉、ブラッド・オレンジ、イタリアン・パセリ、レンズ豆をヴィネグレットソースで

レンズ豆のカレー、タラの燻製、ポーチトエッグ

ベルーガ・レンズ豆（黒レンズ豆）

ベルーガ［大型のチョウザメ］のキャビアに似ている。この光沢のある黒い小さな豆は、煮崩れしないので、ピラフや斬新なサラダにぴったり

ローストしたピーマン、レンズ豆、炙ったハルミ［キプロス島のチーズ］

バルサミコ酢で味付けしローストしたビートとレンズ豆

ライム果汁に漬けたエビ、赤トウガラシ、コリアンダーとレンズ豆

赤レンズ豆

茶色か緑色のレンズ豆

ピュイ産レンズ豆

皮を剥いて挽き割にしてあるので、おいしく煮崩れ、スープ、ディップ、ダール［カレーの一種］に理想的

もっとも大きいレンズ豆で、料理の間に柔らかくなるので、少量でもスープやキャセロールを増量できて経済的

大半のレンズ豆は安いが、ピュイ産は高価。オーヴェルニュ地方で栽培され、美しいマーブル模様のこの小さい豆は、ピリッとして豚肉との蒸し煮に最適

レンズ豆のホムス（p139参照）

レンズ豆と野菜のスープ

ソーセージとレンズ豆のシチュー

タルカ・ダール
［揚げタマネギ入り挽き割り豆のカレー］

レンズ豆、飴色に炒めたタマネギ、ベーコン、マッシュポテト

キノコとレンズ豆のストロガノフ

サンバ
［南インドのポタージュ風スープ］

パニールとレンズ豆のカレー

レンズ豆のサラダ

123

出発点

その後

サワードーが発酵するときに
乳酸菌から放出される乳酸は、
風味を加えるだけでなく、
さらにありがたいことに
保存料としても働く。
つまりパンが長持ちする

水と小麦粉だけでパン種を作ることはで
きるが、生のヨーグルトを加えれば、活
発なサワードーを確実に作るのに役立つ
菌が増加する。最良の結果を出すために
サワードーに名前をつけること。広口ガ
ラス瓶を使うなら、密閉してはいけない。
天然酵母が二酸化炭素を放出して、瓶が
破裂するかもしれないから

材料

有機精白強力小麦粉 50 g

有機全粒ライ麦粉 50 g

水 100ml（濾過したものがよい）

小さじ 1 杯の生ヨーグルト

方法

1 日目：大きなボウルで粉と水とヨーグルトを
混ぜ、堅いペーストを作る。ラップあるいは
布巾をゆるくかけて、暖かい所に 24 時間放
置する

2 〜 5 日：毎日さらに 50ml の水と 25g の
精白強力小麦粉と 25g のライ麦粉を追加し、
再び覆いをして暖かい所に戻す。毎日数回強
くかき混ぜると酸素を取り込む量が増えるの
で、発酵の勢いが増し、発酵が加速する。

4 〜 5 日：サワードーの表面に小さな泡ができ、
強い臭いがする（気づかずにはいられない）。
粉と水の手順を繰り返す

6 〜 7 日：サワードーはもう使えるが、この
時点でサワードーが健康に成長するために
は、菌が新しい粉と水を必要とするので、サ
ワードーの半分を捨て、50g のライ麦粉と
100g の精白小麦粉を 150ml の水ととも
に加える。冷蔵庫に入れておいて、よくめん
どうを見れば、いつまでももつ

戸棚から

*サワードー：天然酵母のパンを

　大部分のパンのレシピでは、生の、即席のイーストまたはドライ・イーストが必要とされるが、天然酵母のパンはまったく天然のものを使う。よく噛む必要があり、独特の風味のあるこのパンは、膨らませるために天然酵母の「パン種」（水と穀粉を混ぜて1週間放置して発酵させるだけの簡単にできるもの）、サワードーを使う。サワードーが培養されれば、パン作りにかかる時間は最初から最後までわずか12時間のこともあれば、24時間以上かかることもあるが、それは粉の種類、季節、そしてパンが作られる部屋の温度や湿度にさえ左右される。

　サワードーはフィンランドでは何十年ももつ。他の国でもこの天然酵母は世代から世代へと受け継がれている。サワードー培養の人気は世界中で目覚ましく復活しており、ことにスカンディナヴィアでは、現在ストックホルムのアーバン・デリがサワードー「ホテル」を経営し、所有者の休暇中にはサワードーをあずかって管理している。

*発酵させた生のパン種

トーストに乾杯

サワードーはマスターするのに、少し時間がかかる。コツは涼しい所で時間をかけてゆっくり発酵させること。発酵を急がせると、菌が猛烈に増えて酸っぱくなる。サワードーにしばしば「給餌」すると、酵母が元気に育ってパンがよく膨らむ。でももしレンガみたいになってしまったら、トーストやクルトンにもできる！

天然酵母を友達にも

サワードーは毎日のパンを作るためだけではなく、ピザ生地、マフィン、ワッフル、パンケーキ、さらにケーキにさえ使える。たとえば「友情のケーキ」ヘルマンはドイツの伝統的なケーキだが、ケーキの生地にサワードーを使う。サワードーを数日間養っては、友人に分け与えていくことが次々に繰り返される。

穀物とともに

あらゆる穀物からサワードーを作ることはできるが、できの良し悪しはある。精白強力小麦粉は、グルテンが多いのでもっともたやすく膨らむ。でももし全粒粉のパンが好みなら、全粒小麦粉と精白強力小麦粉を半々に。またライ麦パンの場合にはライ麦と精白強力小麦粉を半々に。伝統的なヨーロッパの純粋なライ麦サワードー・ブレッドの風味はおいしいが、ライ麦粉にはグルテンが少ないので、小麦粉の場合ほどたやすく膨らまず、扱いにくい堅く詰まった生地になる。

グルテンに過敏な人々は、スペルトコムギ、コーラサンコムギ、ヒトツブコムギのような古代種を好み、グルテンを食べられない人々は、テフ［アフリカのイネ科の植物］あるいはモロコシからサワードーを作ることができる。

戸棚から

パン：干からびたパンを救う法

焼き立てのパンはごくふつうに見られるが、その用途は実際にはそれほど多くない（オーブンから出してすぐにバターをたっぷり塗るのは別として）。

さてここでこそ干からびたパンが本領を発揮する。数日後パンが乾いて堅くなり始めると、突如としてスープの救世主、プディングの大立者、週半ばの食事の支配者に変身する。ゆめゆめパン入れに入れっぱなしにして、むだにしないこと。

パン粉

「生」パン粉（焼いてから2～3日のパンが最適）を作るには、ただフード・プロセッサーにかけてすぐに使うか、袋に入れて冷凍する。乾燥パン粉を作るにはパンが乾いてこんがりするまで焼き、それからフード・プロセッサーにかけて密封し、室温で保存する

つなぎ
（ソーセージ、ミートボール、ベジ・バーガー、ミートローフ）

とろみづけ
（シチュー、ソース）

甘い物のトッピング
（アイスクリーム、とろ火で煮込んだ果物）

料理のトッピング
（魚、肉、野菜、パスタ、リゾット、グラタン）

衣
（魚肉団子、チキン・キエフ、カツレツ）

詰め物

ゼンメルクネーデル
（ドイツの団子）
には欠かせない

数多くのプディング

サラダ

パリパリしたクルトンあるいはピタパンのかけらを加えると歯ざわりがよくなる。今日はサラダに加えてみて！

パンツァネッラ
（イタリアの田舎パン、トマト、赤タマネギ、キュウリ、コショウ、バジル、オリーヴオイル、ケイパー、アンチョビ、ニンニク、酢）

ファトゥーシュ
（焼いたピタパン、パセリ、ミント、トマト、キュウリ、葉タマネギ、スマック［中東のスパイス］、オリーヴオイル）

シーザー
（トーストしたパン、ロメイン・レタス、ニンニク、オリーヴオイル、パルメザン・チーズ、アンチョビ）

プディング

デザートではパンに風味がよく染み込む

サマー・プディング
(冷やした薄切りパン、
柔らかいベリー、砂糖)

**ブレッド・アンド・
バター・プディング**
(焼いた薄切りパン、カスタード、砂糖)

糖蜜タルト
(サクサクするペストリーのケース、
ゴールデン・シロップ、
パン粉、レモン)

エクセター・プディング
(カスタード、スポンジ、ジャムを重ね、
焼いたパン粉で飾ったもの)

リンゴのシャーロット
(焼いた薄切りパン、リンゴ、バター、砂糖)

**ブラウン・ブレッド・
アイスクリーム**
[ローストした全粒パン粉を加えたアイスクリーム]
(スパイスを加える)

フレンチ・トースト
(卵をつけた薄切りパンを
バターで焼いて、砂糖と
スパイスを振りかける)

パン・プディング
(パン、カスタード、ドライ・フルーツ、
スパイス、焼く)

ブラウン・ベティ
(甘いパン粉と煮た果物を重ねる)

パン粥
(パン、ミルク、砂糖、ナツメグ)

スープ

クルトンとしても、とろみとしても、はたまた中心的な具材としても、パンは冷たいスープにも熱いスープにも活躍する

ガスパチョ
(パン、トマト、キュウリ、
ニンニク、冷やして供する)

リボッリータ
[トスカーナ料理]
(パン、インゲン、野菜)

パッパ・アル・ポモドーロ
[トスカーナの家庭料理]
(パン、トマト、ニンニク)

ガルビュール
[フランスの具だくさんのスープ]
(ハム、キャベツ、野菜、パン)

フレンチ・オニオン・スープ
(飴色になるまで炒めた
タマネギにチーズを
かけたクルトンを載せる)

ソース

パンを加えるとソースがヴェルヴェットのようになめらかになっておいしい

ブレッド・ソース
(ミルク、クローヴ、タマネギ、
パン:焼いた家禽とともに)

ロメスコ・ソース
(赤トウガラシ、パプリカ、
アーモンド、ニンニク、
パン、オリーヴオイル、
酢)

最後に

必要とあれば、特別に

ミガス
[スペイン、ポルトガルなどの料理]
(裂いたパンをスパイスと
チョリソと炒める)

ストラータ
(甘くないブレッド・アンド・バター・
プディングで、しばしば肉や野菜、
卵、チーズと)

アーナデ
(フダンソウ、タマネギ、
ストックとともにパンを
重ねたキャセロール料理)

**トルティーヤあるいは
ピタパンのチップス**
(薄切りにしてオーブンで焼く)

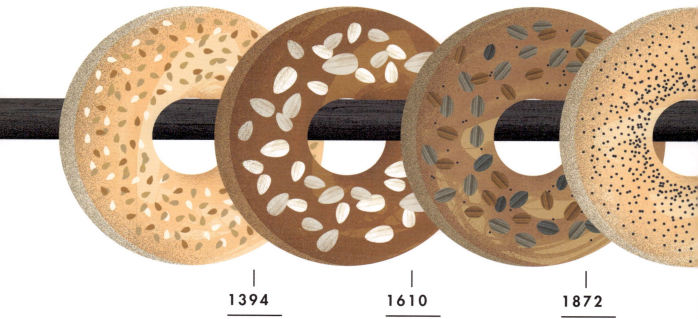

ニューヨーク・ベーグルの歴史

1394
ポーランドの王族に関する文書にオブヴァジャネックが初登場

1610
ポーランドのクラクフの文書にベーグルが初登場

1872
アメリカの乳製品加工業者ウィリアム・ロレンスがクリーム・チーズの大量生産開始

戸棚から

ベーグル：全真相

「穴あきパン」ベーグルは、何世紀にもわたりさまざまに言われてきたが、ひとつ確かなのは、特別な形をしていること。大半のパンとは異なり、焼く前にゆでる。それはほんの一時（しばしば数分以内）のことで、成型してひと晩寒い場所で発酵させてから、塩水あるいは甘い水を沸かした中に入れる。これによって独特の歯ごたえと、トレードマークの艶のある皮が生まれるのだ。

その起源には諸説ある。ドイツのプレッツェルの子孫という説や、もっと大きくもっと甘いポーランドのオブヴァジャネックの変種という説。しかしベーグルは1610年クラクフで初めて文書に登場し、子供を産んだ女性に贈るとよいと推奨されている。独特のリング形で、始めも終わりもないことが、命の循環を称えることになる。

1880年代にニューヨークのロウアー・イースト・エンド並びにロンドンのイースト・エンドにユダヤ人が移住して以来、ベーグルは前進してきた。とりわけアメリカで受け入れられるのに長くはかからなかった。ニューヨークでは朝食の定番となり、クリーム・チーズとサケの燻製をはさんだものが好まれた。

ベーグル自体は小麦粉、イースト、水、塩、麦芽で作り、何世紀もの間ほぼ変わっていない。けれどもニューヨーカーは、自分たちのベーグルがこんなにおいしいのは、水のせいだと断言する。

モントリオールでは蜜入りの水で作る。そして現代のベーグルには、甘い干しブドウ、シナモンからチーズやハラペーニョまで、しばしば無節操な食材が入っている。トッピングも、ポピーシード、ゴマ、海塩、揚げタマネギなど大胆に変えることができる。でも私にはオリジナルが一番。

1880
ポーランド人を含む東欧のユダヤ人がニューヨークに移住し、ベーグルを持ち込む

1907
300人近くの会員を擁するザ・ベーグル・ベイカーズ・ローカル#338が設立され、ニューヨークのベーグル市場を取り仕切る

1960s
新しい技術により、ベーグルの大量生産が可能に

2008
カナダ人の宇宙飛行士グレゴリー・チャミトフとともにベーグル初の宇宙飛行

12時
ランチにはトーストしたポピーシード・ベーグルに、クリーム・チーズ、サケの燻製、赤タマネギのスライス。ケイパーを散らして

ベーグルをどうぞ！

午後6時
夕食にはタマネギ・ベーグルを焼かずに、コンビーフの厚切り、スイス・チーズ、たっぷりのザウアークラウト、練りカラシと

午前8時
朝食にはプレーンなベーグルを焼かずに、カリカリに炒めたスモーク・ベーコンの薄切り、大さじ1杯のクリーム入りのスクランブル・エッグと生のチャイブ一片と

戸棚から

ペストリー：脂肪の出番（太るチャンス）

ペストリーはもっとも複雑な場合でも、小麦粉、脂肪、水（塩ひとつまみか砂糖を入れて）だけででき、パルミエ[ヤシの葉型のクッキー]、プロフィットロール[小型のシュークリーム]、パン・オ・ショコラ、パイの出発点で、フリッタータ[しばしば野菜または肉を入れたオムレツの一種]をキッシュ[料理パイ]に変え、クロワッサン他多くに欠かせない。うまくいけば、まことにバターの芸術。しかしうまくいかないこともある。砕けることも、壊れることも、堅すぎることも、湿ったセメントみたいになって、容赦なく上顎にくっつくこともある。

ショートクラスト[もっとも一般的な練り込みパイ生地]からシュー[非常に軽いペストリー]、パテ・サブレ[タルト生地]、パフ[多層のペストリー]までさまざまな姿を取るが、大方同じ規則が適用される。そっと触れて、冷やしておくこと。作り始める前にもう少しアドバイスを…

小麦粉

ショートクラスト、フレーキー[薄片状のペストリー]、パフ、シューを含む大半のペストリーは、甘かろうと塩味だろうと、精白小麦粉を必要とする

- 塩味のペストリーには、ひとつまみの塩が欠かせない。満遍なく行き渡るように精製塩を
- 甘いショートクラストやパートシュクレ[デザート用タルト生地]には、塩の代わりに大さじ1杯の粉砂糖を使い、さらに贅沢にするなら水を卵黄に代えることもできる
- 砂糖がグルテンの形成を抑え、ペストリーを柔らかくするので、甘いパイ皮はうまくいくことが多い

他の場合同様バターが最適。最高の風味と口当たりが生まれる

ラードは、バターより水分が少ないので、薄片状のペストリーができるが、バターのような風味はない

植物由来のショートニングやマーガリンは風味に欠けるが、完全菜食主義者が代用するには十分

混ぜる

- 均一でしっかりした生地を作るには、水または卵を徐々に加える。さもないとボウルの中は粉屑だらけに。あまりべたべたするようなら、小麦粉を少しテーブルナイフで切り込むように足し入れ、やさしく丸める
- グルテンはペストリーを堅くするので敵。グルテンの形成を最小にするには、生地をやさしく扱い、手を触れるのは最小限に。力強くこねるのではなく、ただまとめるように

冷やす

- 冷やして。熱もペストリーの敵。材料も手も道具も調理台もできる限り冷たく。
- 冷やすのが基本というのにはふたつの理由がある。ひとつは、脂肪が堅くなるので、ペストリーを焼くときに適切に膨らませることができる。もうひとつはグルテンの働きを緩慢にするので、ペストリーが縮まない。さっと冷凍する、あるいは1時間冷蔵庫に入れて冷やすとよい
- 温かい手は？ ペストリーを扱う前に、水道の水で手を冷やして
- 大理石の麺棒も調理台も、冷たい方がよい

延ばす

- 下への圧力、延ばしすぎやでこぼこを最小限にするために、生地は常に手前から向こうに延ばす。延ばして、生地を回し、延ばして、回す
- パフ・ペストリーは、延ばすのとたたむのがすべて。バターが溶けずに薄い層ができるように、延ばしたり、たたんだりするたびに冷蔵庫で冷やす。そして一度できたパイ生地は再度延ばしたりしないこと。注意深く作った脂肪の層が壊れてうまくいかなくなる
- ペストリーを切るときは、いつもよく切れるカッターですばやく切る。どうぞここではねじったりしないで。さもないとやはり層がうまくできなくなる
- 延ばしたペストリーを焼き型に移すときは、麺棒にかけて注意深く持ち上げて移せば、自然にうまく収まる
- 焼く間に縮むのを避けるために、いくらか大き目にして、焼けたら余分なところを切り取る

焼く

- ブラインド・ベーキングとは中身を入れる前にペストリーを焼くことで、もしパイの底がふやけるのを避けたければ、お薦め。クッキングシートを貼った焼き型の内側にペストリーを貼り付け、オーブンの中で底が持ち上がらないように、重石のベーキング・ビーンズあるいは生米を満たす。余熱したオーブンで10分間焼き、重石を取り除いて、黄金色になるまでさらに5分間焼く
- 艶のある黄金色に仕上げるには、卵液（かき混ぜた卵または卵黄とミルク少々）をペストリーの上面あるいは端に塗る。前もって焼いたタルトの底に軽く泡立てた卵白を敷けば、液状の中身を加えたときに漏れるのを防げる。ひびが入るのは絶対にノー！

戸棚から
スーパー・カップル：チョコレート・バーと材料の組み合わせ

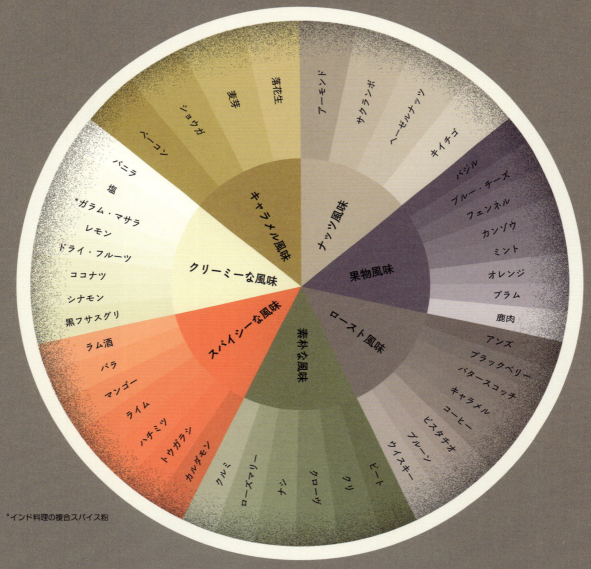

*インド料理の複合スパイス粉

チョコレート：豆からチョコレート・バーへ

口に入れる前にまず腰を下ろす食物は、チョコレート以外にそう多くはない。融点が低く（私たちの体温より約5℃低い）、すぐに溶け始めるので、いっそう贅沢に思える。

この黒い食物は、中央アメリカの雨林に自生する木、学名 theobroma cacao としてまず誕生する。この木は地球上の北緯20度から南緯20度の間で栽培されているが、その環境や気候に敏感なので、チョコレートにはワインのように「産地特有の味」が生まれる。芽生えて5年後実がなり始めるが実にはそれぞれ20～40個の豆が入っている。収穫は年2回。豆を傷つけないように今なお手で行われている（メソアメリカのオルメカ人によって最初に発見されて以来ほとんど4,000年間）。カカオにはチョコレートを作るのに用いられる三つの主な種類がある。

フォラステロ種はたいていのチョコレート・バーに入っている。クリオロ種は概して病害虫に弱く、その結果めったに見られない（世界の生産量の約5%）。トリニタリオ種は両種の雑種。それぞれに独特の風味があるが、できあがったチョコレートの風味（果物のような、花のような、ナッツのような、スパイスのようななど）は、カカオの種類、産地、製法に左右される。

「神の食物」を楽しむには、五感すべてを働かせなければならない。まずチョコレートを見て、匂いをかぎ、その芳香を味わう。ポキッと気持ちよく折って、ひとかけを舌に載せて溶かす。もうひとかけを口に入れ（そう、さらにもうひとかけ）、噛んで含まれている風味すべてを楽しむ（プロなら100種類の風味がわかる）。

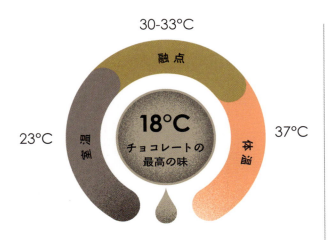

ダーク・チョコレートには、赤ワイン（甘いものを除く）や紅茶は避けて。三つともタンニンの渋みを持っているので

チョコレートの一生

1. 果実は手で収穫し、棒で割る。殻は、堆肥、動物の飼料、あるいは石鹸製造に

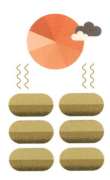

2. 甘い果肉にまだ包まれている豆は最長7日まで自然の温度で発酵させる

3. それを広げ、ほとんど完全に乾くまで置いておく

4. 豆は等級分けして袋に入れ船積みする。その後石のような不純物を除去

5. 豆を焙煎、粉砕してカカオ・ニブを取り出す。ニブを挽いてココア・リカーを作り、砂糖、ココア・バター、ミルク、バニラ、乳化剤を混ぜる

6. 機械で練って滑らかにし、温度調整をしてチョコレート・バーにし、冷やし固める

戸棚から

アイスクリーム：目に見えない材料

　アイスクリームの販売車から聞こえるチャイムほど甘美な響きがあろうか？　答えはノー。だってアイスクリームは本当に料理の傑作だから。凍ったクリームは、この上なく美味で、慰めになり、贅沢で、傷ついた心も癒されようというもの。

　その起源については諸説ある。アレクサンドロス大王はハチミツや花の蜜を加えた雪を味わったと言われている。ローマ皇帝ネロは多くの奴隷を山に登らせ、取って来させた雪に果物や果汁を混ぜた。しかし私たちのアイスクリーム好きは、実はイタリア生まれのフランス女王カトリーヌ・ド・メディシスのおかげ。1500年代半ばのカトリーヌのおいしいものへの愛は、フランス料理を変えた。アイスクリームもカトリーヌとそのシェフがフランスに紹介した料理のひとつである。

　もちろん冷凍庫のない当時、アイスクリームは塩と氷を用いて作られた（塩は温度を氷点下に下げる。ビールを冷やすにもいい！）。しかし今日ではアイスクリームは、液体窒素とまさに3Dプリンターでほとんど即座にできる。

　というわけで、アイスクリームの材料は？　もちろんクリーム、ときにミルク、砂糖、そしてしばしば卵。しかし大切な目に見えない材料もある。それは空気。凍らせる前にかき混ぜようと（イタリアン・メレンゲをベースにするレシピもあれば、パルフェの場合には卵黄と砂糖のムースを使う）、あるいは凍らせる過程で攪拌しようと、空気はアイスクリームを、たまらなくおいしく軽くする。

奇妙な、不思議な風味

アボカド
ベーコンと卵
バイアグラ
闇の中のきらめき（ブラックラズベリー味）
ドリアン（世界一臭い果物）
ブタの血
母乳

― 戸棚から ―

ジャム：手作りを

信じがたいかもしれないが、実は古代にもこの日常的なスプレッドの親類がいる。熟した果物は、保存料のハチミツとともに容器に入れられた。マルメロが人気で、ギリシア人にはメロメリと呼ばれていた。でも私たちにおなじみのジャムが作られるようになったのは、サトウキビが伝えられてから。

伝統的な流儀では、砂糖と果物の重さを同じにする、つまりジャムの三つの基本的要素、砂糖、ペクチン、酸が正しい割合になることを薦めているが、料理人は実験を続けている。とは言え科学的な理解は完成にとって重要である。

果物を煮るとペクチンが出る。果物が甘いシロップの中でゼリー状に柔らかく固まるのに役立つのは、このペクチン。ペクチンの分子は鎖状で、ほとんど網のような働きをしてすべてのものをまとめる。水分はペクチンの友ではなく、水分を抱え込むのは砂糖で、ペクチンの働きを妨げないようにする。ペクチンにはわずかな負電荷もあるが、それは果物の自然な酸によって、あるいはレモン果汁を加えることによって処理される。ペクチンが元気になれば、果物と砂糖がゲル化してジャムができる。

適切な果物を選ぶこと

ペクチンの少ない果物でジャムを作ろうとするときは、助けになるようにペクチンの多い果物も入れる

多い	少ない
マルメロ	アンズ
リンゴ	ルバーブ
ブラックベリー	イチゴ
レモン	ブルーベリー
ナシ	サクランボ
オレンジ	モモ
スグリ	パイナップル
プラム	キイチゴ
ブドウ	バナナ
クランベリー	メロン

味わい方

トーストに塗ったり、スポンジ・ケーキに挟んだりする前には、ジャムは特別な楽しみとして、お茶とともにさじに載せて供された。これは今なおギリシア、キプロス、トルコ、イランおよび中東の多くの国で行われている

手作りの秘訣

- 未熟、または熟したての果物を選ぶ。「熟れすぎ」の果物にはペクチンが少なく、うまくできない

- 適切な砂糖を確認する。「ジャム用の砂糖」には、余分なペクチンが含まれているので、必要もないのに使うとジャムが堅くなる

- 果物にひと晩砂糖をまぶしておくと、よいスタートが切れる（この方法でイチゴ、トマトはうまくいく）

- 沸騰させる前に砂糖がすべて溶けていることを確認する。さもないとキャラメル風味になったり、結晶化したりすることがある

- 基本的な果物のジャムをマスターしたら、キイチゴにバラ、スグリにニワトコの花、ダムソン［セイヨウスモモの一種］にバニラ、あるいはルバーブにショウガなどのように、他の風味を加えてみて

- ジャムの表面にできた浮き泡はさじですくう、あるいはバターの小さなかけらを加えて消すことができる

- 果物が均等に行き渡るように、瓶に入れる前に火から下ろして5分〜10分休ませる

- なるべくかき混ぜない

皺テスト

ペクチンの量は果物によって、さらに果物の熟れ具合によってさえ異なるので、完全な仕上がりのタイミングを判断するのはむずかしい。ジャムを作り始める前に冷凍庫に皿を置き、ジャムができたと思ったら、冷たい皿にジャムを少量載せる。数分間ジャムを冷やし指で押す。「できて」いれば、皺が寄る。まだなら、鍋を再び火にかけてもう数分煮続け、また試してみる。これを必要なだけ繰り返す

清潔第一

ジャムを作る間は清潔が基本。詰める前に瓶を消毒する。これは瓶を洗ってすすぎ、140℃のオーブンで乾かすか、食器洗浄機に入れて高温洗浄すればよい。瓶もジャムもまだ温かいうちに詰め、ワックス・ペーパーで覆い、蓋をする。瓶が冷えたら、日付入りのラベルを貼る

甘いジャム Vs 風味のあるジャム

ジャムは甘いだけとは限らない。同じ方法で塩味の風味のよいジャムもできる。ハーブだろうがスパイスだろうが、果物に風味を加えることができる。またトマト、パプリカ、トウガラシ、あるいはベーコンのような伝統的に料理で使う食材さえ、砂糖やシロップと混ぜてジャムにできる

1. ヒヨコ豆を24時間水に浸す

乾燥ヒヨコ豆200g

2. 水を切る

重曹小さじ1/2

3. 重曹とともに沸騰させ、柔らかくなるまで30分間コトコト煮る

細かくすりおろしたニンニク2片

レモン1個分の果汁

4. 煮汁を切り、冷やす。カップ1/2の煮汁を取っておく

タヒニ大さじ2杯

塩多めのひとつまみ

5. ミキサーにかける

油少々

6. ニンニク、レモン、タヒニ、塩を加え、冷えた煮汁とともに滑らかになるまでミキサーにかける

7. 碗に入れて、さじの背でかき混ぜる

8. オリーヴオイルを振りかけ、室温で供する

*ホムスのレシピ

*ヒヨコ豆を裏ごししてペースト状にした中東料理

戸棚から

ホムス：宗教も国境も越えるディップ

お気に入りの器に入れてかき混ぜた贅沢なディップに、濃緑のオリーヴオイルを滴らせ、燻製パプリカの赤い粉を振りかけるとき、ホムスは口だけでなく目でも味わえる。よく考えてみれば、この現代の常備食品の定番は抜群のディップである。

これは古代レバントの名物料理で、つつましいヒヨコ豆をヒーローにしたもの。ニンニク、タヒニ（練りゴマ）、塩、レモン果汁とともにミキサーにかけると、このタンパク質の詰まった豆は突如クリーミーに変身する。トーストしたピタパンやパリパリした生野菜から、兄弟分のファラフェル（p151参照）の相手にうってつけ。

いずれにしろ、この素朴な食材が決め手である。上質なホムスがお望みなら、缶詰あるいは瓶詰の豆は避け、乾燥豆を水に浸して自分で作ること。そしてまともなタヒニを見つけること。さもないと「ザジキをちょうだい」という声が上がるだろう。

ミキサーに加えられるもの

ローストしたアーティチョークの芯
ローストした赤ピーマン
アボカド
インゲン豆
クミン
日に干したトマト
ビートの根
赤レンズ豆
飴色に炒めたタマネギ
コリアンダー
＊ハリッサ
ギリシア・ヨーグルト
フェタ
＊＊チポトレ・チリ
グリーン・ペスト

＊トウガラシを元に作られるペースト状で辛口の調味料　＊＊燻製にした唐辛子を原材料とする香辛料

139

戸棚から

ビネグレット [フレンチ・ドレッシング]：バランスが決め手

特製
クリーミーなのがお好みなら、生クリームを少々。チーズ味がお好みなら、ロックフォールかドルチェラッテを混ぜて

油
エクストラ・ヴァージン・オリーヴオイルあるいはナタネ油が理想的。ナッツ・オイル、ゴマ油、大麻油でもよい。風味のよい油が向いているので、風味のないものはフライに

酢
刺激の強い麦芽酢は避けて（チップにかけて）、白と赤のワイン・ビネガー、シェリー酢、リンゴ酢、バルサミコ酢、米酢、あるいはレモンかライムの果汁を（最後のものがよいかもしれない）

調味料
塩、コショウが基本だが、カラシ（ディジョン・マスタードか粒マスタード）、ホースラディシュまたはワサビをおろしたもの、醤油または魚醤、細かく刻んだ生のハーブ、赤トウガラシのスライス、刻んだニンニク、荒みじん切りのエシャロット、細かく刻んだアンチョビ、ハチミツを加えてもよい。そして、あるいは用途に応じて、ベーコンも

収穫したてで調味料やドレッシングをかけてないと、レタスの葉が不評で、愚かな食いしん坊に「ウサギの餌」と捨てられるのは、驚くことでもない。香りのよいオリーヴオイルと海塩を少々振りかけさえすれば、おいしくなるが、適切なドレッシングをかければ、すばらしいごちそうができる。

ドレッシングを作るのはとても簡単で、最善の材料を選ぶだけ。ジャムの空き瓶に材料を入れる。まず調味料、そして酢と油。それから蓋をして完全に乳化するまで振る。

葉物は、くたっとしないように食べる間際に少しかける。トマト、キュウリ、アボカド、アーティチョークの芯、アスパラガス、ズッキーニなどのしっかりした野菜には、もっと早くかける（実際おいしくなる）。またビネグレットは、温かいものにもかけられる。たとえば新ジャガイモ、豆（サヤインゲン、ライ豆、ソラ豆）、ローストしたピーマン、春から初夏の湯がいた野菜（紫のブロッコリー・スプラウト、エンドウ豆、ケール）など。

140

スピード・アップ

香りつきオリーヴオイルあるいはナタネ油でビネグレットに風味を加え、選んだ材料によく絡める

ぐるぐる回して

サラダ用の葉物をたっぷりの冷たい水でやさしくゆすいだら、ドレッシングがむらなく絡むように、よく乾かす。サラダ・スピナー（水切り機）を使うか、水切りした後清潔な布巾に置き、布巾の四隅を集めしっかり持って、好きに振り回す（でも好きがあまり過ぎないように）

ラヴ・ミー・テンダー

ビネグレットは、肉、魚、野菜を焼く前のマリネ液（そして肉を柔らかくするテンダライザー）としても使える。これはバルサミコ酢、ナタネ油、ハチミツ、辛いカラシのような風味の強い材料のドレッシング、あるいは焙煎ゴマ油、おろしたてのショウガ、濃口醤油を入れた米酢の場合とくに効果的

戸棚から

ペスト：世界中に

　ボローニャにラグーがあり、ナポリにピザがあるように、イタリア北部のジェノバの港にはペスト［バジリコ、ニンニク、パルメザン・チーズなどをすりつぶし、オリーヴオイルと混ぜて作るパスタ用ソース］がある。本物のペストの材料は六種だけで、火を通す必要もない。このシンプルなソースが今や世界中の料理に顔を出しているのも、ほとんど驚くにあたらない。

　この生の調味料については、ローマ人、ペルシア人、アラビア人のいずれが作り出したものかが議論になっている。ハーブやニンニクの組み合わせはさまざまに進化し、時代を超えて出現するが、今日のような形の最初のレシピは 19 世紀に記録されている。

　ペストの目玉はもちろんバジルで、緑色でかすかにアニスの実のような甘い香りのする柔らかいハーブ。必要なのは若い葉で、茎やまして乾燥バジルではない。若い葉がなければ苦味を取るために、30 秒間湯がいて冷水に入れる。ニンニクも若くて新鮮でつぶすと汁が出るようなものを。マツの実はヨーロッパ産（中国産は苦味が何週間も口に残り非常に不快なことがある）で炒ってないもの。他の材料を結びつけるオリーヴオイルは、良質でサラッとしていて、あまりに辛味があったり、青臭かったりしないものを。伝統的には、ペコ

142

リーノまたはパルメザン（あるいはしばしば両方とも）のような堅く、塩味の効いたイタリアのチーズが用いられる。そして粗い海塩が、調味料としても研磨剤としても重要。

材料を合わせる方法と順番は決定的で、純正主義者は、材料を一緒にやさしくすりつぶすには大理石の乳鉢と木の乳棒でなければならないと言う（最初にニンニクとナッツ、次にバジルと塩、それから最後に油をちょろちょろ垂らし、おろしチーズを混ぜ込む）。しかし現代の料理人（ペテン師と呼ぼう）はフード・プロセッサーに頼り、ボタンを一押しするだけ。

ジェノバではこのソースはトロフィエ・パスタ（短く、薄く、ねじれている）に絡めるか、ゆでたジャガイモとサヤインゲンとともにトレネッテ（リングイーネと同じ）に混ぜる。またラザーニェにもよく使い、ニョッキにかけ、スープに投じる。そして他にも無数の最新の使い方がある（サンドイッチの中身、サラダのディップなどなど）。リグーリア地方では、このレシピはこよなく愛され重んじられているので、今でも本物のソースを守り推進するためのペスト協会がある。

材料のヒント

バジル
（若い葉）

代わりに、コリアンダー、ミント、イラクサ、オレガノ、パセリ、エンドウの芽、フユガラシ、スイバ、クレソン、野ニラ。本当にワイルドな味がよければ、ローストした赤ピーマンか日干しトマトを

オリーヴオイル
（サラッとしてフルーティーなエクストラ・ヴァージン）

代わりにナタネ油あるいは溶かしバター。あまり青臭いものや辛いものは、ソースに向かないので避ける

マツの実
（ヨーロッパ産）

代わりにアーモンド、カシューナッツ、セイヨウハシバミの実、ヘーゼルナッツ、マカダミアナッツ、ピスタチオ、ピーナッツ、ヒマワリの種（炒って）、クルミ

ニンニク
（若く、新鮮で緑の芽の出ていないもの）

ニンニクの強い風味を避けるレシピもあるので、代わりに、チャイブかクマニラを

チーズ
（パルメザン）

代わりに、ペコリーノ、熟成したチェダー、グラナ・パダーノ、あるいはマンチェゴ［スペインの羊乳を原料としたチーズ］のような堅い、熟成した塩味の効いたチーズ

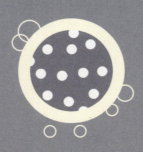

塩
（粗い海塩）

チーズに塩気があるので、たくさんはいらないが、材料をなめらかなソースにするのに欠かせない。風味のある塩でも試してみて

食卓から
—

巻き物

蒸粉（チョンフェン）：牛肉、エビ、豚肉を米粉の皮で巻いて蒸し、甘味のある醤油と供する

腐皮巻（フーピーヂュエン）：豆腐製造の過程でできる湯葉で肉や魚を巻き、蒸したり、揚げたりする

糯米鶏（ヌオミーヂィ）：糯米をワケギ、鶏肉、キノコ、焼き豚とともにハスの葉またはバナナの葉に包んで蒸す

鳳爪（フォンチャオ）：揚げて蒸した鶏の足で「鳳凰の爪」として知られている。甘酸っぱい豆豉ソースで

排骨（パイグゥ）：スペアリブの蒸し物豆豉風味。豚のバラ肉の小片をしっとり滑らかになるまで豆豉と蒸す。骨にご用心！

*糕 ガオ

蝦餃（シャージャオ）：蒸して作るエビ餃子。皮は透明に。ワケギとタケノコを入れる

潮州蒸粉果（チャオチョウチョンフェングオ）：豚肉、エビ、ピーナッツを入れた蒸し物で、噛むとポリポリ音がする。コリアンダーとクズイモで風味をつける

焼売（シュウマイ）：豚肉あるいはエビの餡を皮で上を開けて包み、蒸す。しばしば上にニンジンや魚卵を飾る

咸水角（シエンシュイヂャオ）：豚肉入り糯米の皮の揚げ餃子

芋角（ユィヂャオ）：味付けした豚肉を詰めたイモの団子を揚げたもので、パリパリしてやや甘い

菓子

蛋撻（タンター）：エッグ・カスタード・タルト。ポルトガルのものと似ているが、卵の風味がもっと強い

煎堆（ヂェントェイ）：実際には日本の餅と同じような米粉の団子を揚げたもの。ハスか小豆の甘い餡入り

豆腐花（タウフーファ）：ショウガあるいは砂糖のシロップで味を付けた絹ごし豆腐のやわらかいプディング

馬拉糕（マーラーガオ）：マレーシア由来の蒸しカステラ

奶王包（ナイワンパオ）：カスタード入り蒸しパン

*米粉や小麦粉を練り食材を加えたり味付けしたりして調理したもの

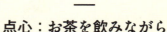

食卓から

点心：お茶を飲みながら

　元気づけにうってつけの点心は、もとは広東人が道端の店で農民や疲れた旅人の元気を回復するために作ったもの。店は早朝5時から開き、茶とともにつまめる菓子や軽食を取り混ぜて提供した。伝統的に朝食あるいはブランチだったが、今日とくに欧米では昼食に旅行者が、あるいは会議の合間に参加者が、回ってくるワゴンからさまざまな点心を選んでいるようだ。

　いずれにしても点心は大勢で味わうのに理想的で、各々の小皿にはほんの三つか四つのひと口大の料理が載せられ、スペインの小皿料理のように分け合うのにぴったり。メニューを見渡してたくさん注文するのはよいが、葉に包まれた糯米でもたれないように（アジアのパンと思えばよい）。料理の順番についての慣習は忘れること。ここでは料理とデザートは仲良く並んで出てくる。

饅頭とパイ

叉焼包（チャーシャオバオ）：チャーシューを入れて蒸すか焼くかしたイースト入りの饅頭

叉焼酥（チャーシャオスゥ）：チャーシュー入りのやや甘いパイ

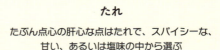

たぶん点心の肝心な点はたれで、スパイシーな、甘い、あるいは塩味の中から選ぶ

お茶は欠かせない

「点心」という言葉は、文字通りには「心に点をつける、つまり触れる」という意味。点心を食べることは広東ではまた「飲茶」としても知られ、点心のレストランに行けば、食事とともに必ず茶を選ぶよう勧められるだろう

食卓から

サンドイッチ：バーガーを凌ぐ

　名うてのギャンブラー第四代サンドイッチ伯爵は、楽に持ち運びできて手でつまめる軽食がほしかった。以来変わらぬ人気を誇ってきたのが、この見たところ単純な発明品である（何世紀にもわたって平たいパンとともに軽食のメゼを食べてきた地中海沿岸の人々からヒントを得たのは、ほぼ確実）。

　実際この新しい軽食は大変便利なので、今でも世界中でもっとも好まれる「ファスト・フード」のひとつになっている。まさかと思うかもしれないが、地球上でサンドイッチ・チェーン店サブウェイの支店はマクドナルドのそれよりも多い。

　しかし本当においしいサンドイッチを作るためには、その構造を考える必要がある。クッキー・アンド・アイスクリームにしろ、豚の三枚肉入りのもっとも柔らかい包（パオ）にしろ、適切に作ることが重要で、中身がふさわしくなかったり、マヨネーズをかけ過ぎたりすると、おいしいはずがびしょびしょの寄せ集めになってしまう。

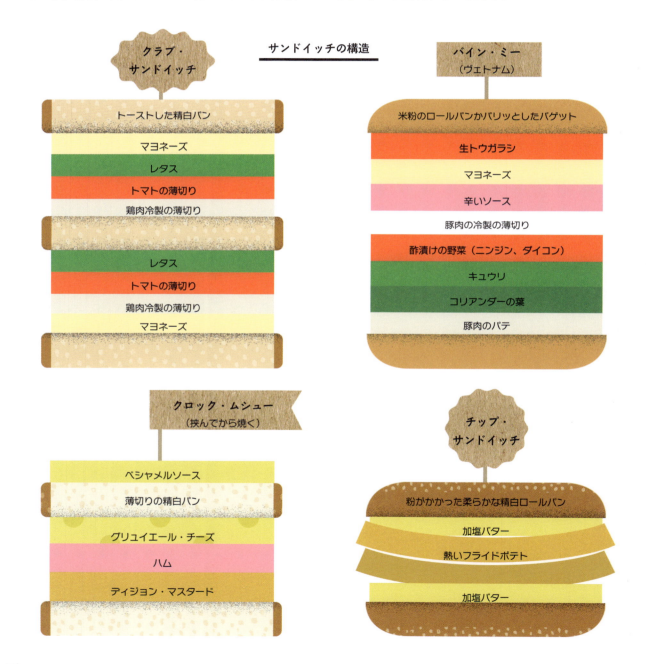

*マヨネーズとケチャップがベースの辛味のあるドレッシング

タヒニ・ドレッシング
- タヒニ
- 水
- 塩
- レモン果汁
- ニンニク

ファラフェル
- 塩
- クミン
- コリアンダー
- ヒヨコ豆
- ソラ豆
- パセリ
- ニンニク

ピタパン

ピタパンの内側にホムス（p138 参照）をひと塗りし、トマトの薄切り、新鮮なキュウリ、パリパリのレタス、揚げたてのファラフェルを入れて、タヒニ・ソースをひとたらし。スパイシーなのがお好みなら、青唐辛子がベースのイスラエルのズイグのような辛いソースを加えて

食卓から

ファラフェル：
肉を捨てよ

完全菜食主義者の食べ物は、味気ない生のキャロット・スティックのようなものがすべてだと思っている人には、トーストしたピタパンにクリーミーなホムスとサラダと漬物とともに詰める熱々の揚げ物ファラフェルを紹介したい。この中東の屋台の食べ物には取り澄ましたところは何もない。

発祥地はエジプトで、同地ではタアメイヤと呼ばれ、ヒヨコ豆とは関係がない。干して皮をむいたソラ豆だけが使われたので、柔らかくまとまった。ナッツのような風味と歯ごたえのヒヨコ豆を導入したのは、レバントの他の地方である（両方を組み合わせて使ったか、あるいは完全に入れ替えた）。そしてイスラエルでは国民食のようなものとしてヒヨコ豆が取り入れられた。古代のファラフェルのレシピでさえ国によって、家庭によって異なるが、現代のレシピは、総じて伝統を打ち破っている。今日のシェフや家庭の料理人はみなこのもっともシンプルな生地に、ヒヨコ豆とともにサツマイモから、カボチャ、ビート、赤ピーマン、あるいはホウレンソウまで、あらゆる種類の野菜を入れる。チーズを加える者さえいる。

軽く仕上げる
重曹やベーキングパウダーのような膨張剤を使えば、ファラフェルは軽くふわふわに

乾燥豆で
缶詰のヒヨコ豆では話にならない。調理してない乾燥豆をひと晩水に浸して、なめらかになるまでフード・プロセッサーにかける。少々粗くても問題ない。パテが格別の歯ごたえになる

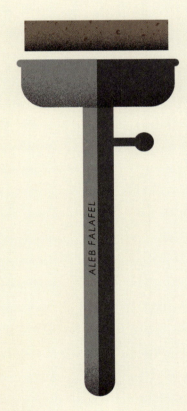

成形
中まで十分に火を通すためには、完璧な形にすることが重要。伝統的には「アレブ・ファラフェル」という道具が使われるが、それがなくても2本のさじで挟んで団子に、あるいは手でゴルフボール大の平らなパテを作ることができる

揚げる？ 揚げない？
油で焼くかオーブンで焼くファラフェルのレシピがあるかもしれないが、これらは健康によいとかたる似非ファラフェル。植物油を使って180℃で揚げること。キッチン・タオルで油を切ればよい

休ませる
最高に仕上げるには、成形の前後に生地を休ませる

151

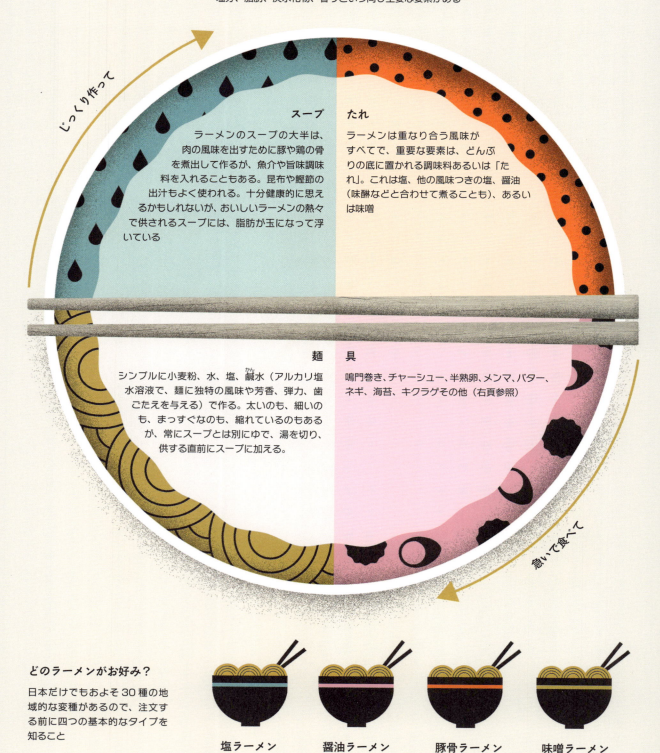

ラーメンの具

鳴門巻き　　チャーシュー　　半熟卵

メンマ　　バター　　刻みネギ

海苔　　キクラゲ

湯気の立つスープ

ラーメンを食べるときは気取ってはいられない。麺を啜り、スープをはねかしながら急いで食べなければならない。ぐずぐずしているとこの完璧に調理された麺が伸びてふやけてしまう。ラーメンを食べる人が上顎にやけどをし、湯気の立つスープで額に汗するのはよくあること

食卓から

ラーメン：
進化し続ける麺

インスタント食品のファンは、ラーメンは単なる麺入りスープと思うかもしれない。しかし生ラーメンを食べれば、もう即席ラーメンには戻れない。これはじっくり作って、急いで食べるもの。スープは20時間も煮込むこともあり、麺の生地は極細まで手で延ばす。卵は半熟で黄身はほとんどカスタードのようだし、豚の三枚肉はとろ火でじっくり煮るので（ただただ最後に豪華な具にするためだけに）、脂肪が甘くとろけるよう。食べれば脂ぎった顔に満足の笑みが浮かぶ。

事実非常に人気があるので、日本だけでも34,000軒以上のラーメン店がある（そのうち4,000軒が東京にある）。たかだか1世紀前に中国から持ち込まれた麺にとって悪い話ではない。100年ちょっとたって国中にご当地ラーメンができた今、日本人はラーメンは自分たちのものだと言う。新横浜にはラーメン博物館まである。世界にも広まり、どんぶりをはるかに超えて、ラーメン・バーガー、ラーメン・ピザ、タコス、ブリート、そしてプディングさえある。

でも本物のラーメンはどんな見た目でどんな味？　前頁のラーメンの原則に従って作って。それから規則を破って。それってきっとおもしろい。

食卓から
バーガー：ファスト・フードの元祖

国際的なフランチャイズ・チェーン、テレビ番組、科学実験、そして世界的規模の経済指標に影響を与えるほど重要な食物は、世界にはバーガーをおいてほとんどないかもしれない。そしてまたおいしいバーガーほど満足のいく食べ物もほとんどない。

過去10年にわたりつつましいバーガー——基本的にいんちきのビーフとパン——はルネサンスのごときものを迎えている。グルメ向きになり、よい意味で不純になった。もはや老乳牛は論外。脂肪と肉の割合がとりわけ重要で、パンも肉同様上質のもの。そして中身に、チーズ、ベーコン、ピクルス、サラダはいかが？ シェフは工夫をこらし、肉を増やし、*プルド・ポーク、**チリコンカーン、フォアグラ、ロブスターさえ加えている。ソースはカラシとケチャップからトリュフ入りのマヨネーズへと躍進し、***ガーキンは韓国のキムチに替えられた。すべてがやや複雑になったが、完璧なバーガーを実際につくるには？ 以下を参照のこと…

オーストラリアのバーガー

オーストラリア人のように、ビートの漬物、パイナップルの薄切り、目玉焼き、トウガラシを加えて。いかにも

バーガーノミクス

1986年世界的な購買力を示すために『エコノミスト』誌によって使われた、ビッグ・マックの値段に基づく指標

---

* 豚の腕肉や肩肉の塊を低温のBBQスモーカーでゆっくり5時間以上かけて調理し、それをほぐした物
** 挽肉とタマネギを炒め、そこにトマト、チリパウダー、水煮したインゲン豆などを加えて煮込んだもの
*** 若いキュウリのピクルス

パン ———— バーガーのための申し分ないパンは、たっぷりした中身を支えられるくらいしっかりしていなくてはならず、少し甘い方がよい。サワードーのパンを探し、パテと同じフライパンかグリルでトーストする

レタス ———— 青々してパリパリしたものを。しおれないように直前に冷蔵庫から出したもっとも新鮮なものを

赤タマネギ ———— ごく薄切りにし、すぐに赤ワイン酢と砂糖に漬けたものを。赤タマネギがあればバーガーの味が引き立つ

漬物 ———— おいしい肉を食べるには何か酸っぱいものがいる。波型に切ったガーキンのピクルス（歯ごたえと酸味がよい）または自家製のキュウリのピクルスを

トマト ———— ビーフ、プラム、ローマとどの品種でも熟したものを、室温でのこぎり歯の包丁で約5㎜厚さに切る

チーズ ———— トップ・シェフでさえ「えせ」スライス・チーズが溶けるのに抵抗できないが、同じ堅さで風味が格別のゴーダ・チーズを選ぶとよい。バーガーより大きく薄切りにして、調理中のパテをひっくり返した上に載せる。パテの下側に火が通るうちに、チーズは完全に溶ける

肉 ———— 常に牛肉。雌牛の肩肉の脂肪と肉の割合（脂肪分が約20〜25％）が申し分ない。自分であるいは肉屋に頼んで粗挽きにして、塩コショウだけする。卵、パン粉、ビール、ハーブやスパイスは無し。混ぜ合わせるがやり過ぎないように。およそ250gのパテを作り（手のひら一杯分）真ん中にくぼみをつける。ラップをかけて30分間冷やす。バーガーはいつも冷たいものを調理しなければならない。高温の火にかけるのはフライパンかバーベキュー・グリルのどちらでも。まず片面を2〜3分焼いたら（動かしたり、押し付けたりしないこと）、ひっくり返してもう片面を最後に1分間焼く

パン ———— バーガーとパンの比率を忘れないように！ 口に入りきらないバーガーは絵に描いたものなら、そしてナプキンの上にあるときには結構でも、実際にはめちゃくちゃになる。バーガーはいつもナイフやフォークなしで食べるもの

食卓から
サラダ：建材と
セメントと土台

非の打ちどころのないサラダを念入りに作るためには、どう積み重ねるか学ぶこと。

建材：野菜からパンまで

サラダ用という引き出しの底にある同じ古い材料で、つまらないものを作らないように。タンパク質、果物、野菜、歯ごたえのいいナッツやシード、クルトンを混ぜて。完璧なサラダには、さまざまな色彩、歯ざわり、風味が必要

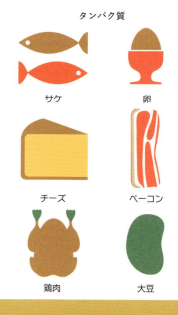

セメント：ドレッシング

よいドレッシングはサラダの材料すべてをまとめる。しっかりしたキャベツやケールは供する1〜2時間前にドレッシングをかけておく。新ジャガの薄切りのような加熱した素材は、まだ温かいうちにドレッシングをまぶす。でもデリケートな葉物は、しおれたり、ぐしょぐしょになったりしないように、供する直前にドレッシングをかける

土台：葉物

サラダの土台は、デリケートなハーブだろうと、しっかりしたケールだろうとあるいはパリパリしたレタスだろうと、サラダの最終的な方向を決める。赤チコリにして、その苦味とバランスをとるために酸っぱいスイバを選べば、何かクリーミーなものを補いたくなるかもしれない。辛味のあるルッコラには大いに風味のあるものを加えるとよい。デリケートな葉物やハーブは注意深く扱うこと。キャベツやケールは千切りにして生で、あるいは軽く湯がいて温かいうちに供する

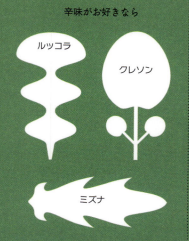

果物	歯ごたえのよいもの	仕上げのいろどり

大旅行家	農場経営者	単純な皇帝（シーザー）

苦いもの好きなら	シンプルなのがよければ	ジョーカー
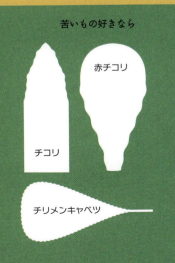		

157

食卓から

ピザ：ルーツは古代に

今日のおいしいピザの故郷はナポリ——本当に本物の味ならマルゲリータより、マリナラ（トマト、オレガノ、ニンニク、エクストラ・ヴァージン・オリーヴオイルのソース）のピザを——と考えられているかもしれないが、地中海地方の人々は古代から具を載せた平らなパンを食べていた。そしてイタリア人がレシピを決めて以来、それが広まっているというわけ。

でも申し分のないピザの決め手は、どう考えても、熱々のオーブン。専門店は400℃にもできる薪窯を選んでいるのだから、家庭ではできるだけ高温にする。パリパリにするには、ピザを載せて焼くためのピザ・ストーン（金属の網または厚く平らなオーブン用皿）を余熱しておき、具を載せすぎないこと。均一に火が通らなくなる。

あなたのピザを

ピザの聖地はイタリアの港町ナポリかもしれないが、この平らなパンはトリコロールのマルゲリータだけではない。世界中のものを試してみて

まず基本的なピザ生地＋トマトとニンニク・ソース＋…

食卓から

グリーン・タイ・カレー：ピリ辛に

タイのグリーン・カレーは、力強く、ひりひりして、甘く、酸っぱく、しょっぱく、食べれば元気が出る。アジアの他のカレーとは異なり、スープが贅沢だ。完璧なタイ・グリーン・カレーの極意は家庭によって異なるが、まずペーストから始まる。近頃では基本的な材料（香りのよいコブミカンの葉、レモングラスから甘いパーム糖や旨味たっぷりの魚醬まで）がすべてスーパーやオンラインで一般に購入できるので、自分のカレーを一から作るのも容易になっている。カレーに入れるタンパク質あるいは具は、バナメイエビから豆腐の角切り、あるいは季節の野菜手のひら一杯までお好みで。でも伝統重視なら何でもひと口サイズにすること。フォークとスプーンで食べるので。

火と氷

タイ・グリーン・カレー・ペーストをあえて一から作るつもりなら、余分に作る。殺菌した瓶に入れペーストの表面を無味無臭の油でおおって冷蔵庫に保存するか、製氷皿に入れて冷凍する

ひたすらすりつぶす

文明の利器にも使う時と場合があるが、このペーストにはそんなものは無用。もし手間を省きたければ、既製品を買えばよい。でも本当に一から作りたければ、すり鉢とすりこ木で材料をすべて一緒にすりつぶさなければならない。そうすれば、材料それぞれの精油が引き出され、香り高く均一な風味が一気に生まれる。ただ切り刻むだけのフード・プロセッサーは出番なし

米が大事

米はタイの料理では重要な役割を果たす。糯米またはうるち米が蒸して供される。スーパー・マーケットでジャスミン米を探して

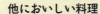

他においしい料理

グリーン・カレーは気に入った？これらのすばらしいタイ料理もどうぞ

ラープ

パリパリしたスパイシーな温かいサラダ。新鮮なレタスの上に挽肉（豚肉、牛肉、鶏肉あるいは七面鳥の肉）を載せて

トム・ヤム

レモングラス、ライム、トウガラシで味付けした、香りのよい、薬味がピリッと効いた、酸味のあるスープ。鼻の奥がすっきりすること間違いなし

パッタイ

ニンニク、魚醤、卵、干しエビ、もやし、炒ったピーナッツ、好みのタンパク質入り焼きそば（エビや豚肉があう）

食卓から

パスティ：地理的表示保護

洗練された器に盛られる食べ物もあれば、冒険旅行のように手に持って歩きながら急いで食べるものもある。そして熱くておいしい中身を詰めたバターたっぷりのペストリーにまさるファスト・フードがあるだろうか？

最初のパスティは13世紀のイギリスに現れた。伝統的には頑丈なショートクラストに野菜を詰めたもので（肉はあまりに高価だったので）、後に鶏肉、鹿肉からウナギ、さらに正直に言えば、ネズミイルカさえ詰められた。

でももっとも有名なのは、コーニッシュ・パスティ。独特のD形で縁にひだを寄せ、本格的な場合には厚切りの牛肉、スウェーデンカブ、ジャガイモ、タマネギ、そしてたっぷりの黒コショウが入っている。英文学、まさしくシェイクスピアにも引用され、世界中で知られている。特別料理なので、スコットランド・サーモン、シャンパン、スティルトン・チーズとともに、地理的表示保護の対象になっている。

イングランド：コーニッシュ・パスティ

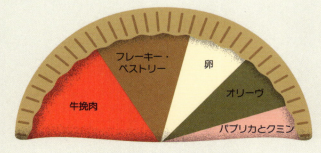

アルゼンチン：エンパナーダ

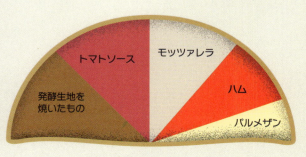

イタリア：カルツォーネ

ブラジル：パステル

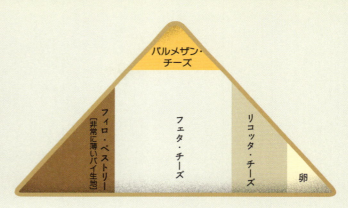
ギリシア：ティロピタキア

インド：サモサ

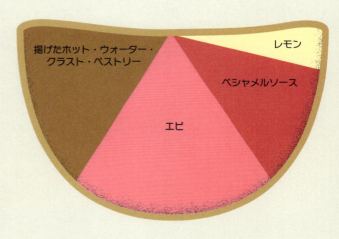
ポルトガル：リッソール

トルコ：ビョレク

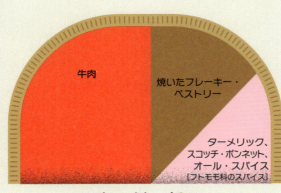
ジャマイカ：パティ

ロシア：チェブレッキ

食卓から

鮨：にぎりと巻き

　完璧な鮨を作るには、まず短粒のジャポニカ米を柔らかく粘り気が出るように炊いて、塩、砂糖、米酢で味付けした申し分ない鮨飯を用意する。その鮨飯を握って、生か加熱した魚、甲殻類、貝類、野菜、漬物――最近欧米では肉までも――を上に載せる。海苔で巻いて、橙色の魚卵から黒ゴマ、マヨネーズまであしらうこともある。

　伝統的にワサビが塗られているが、さらに醤油やガリ（甘酢ショウガ）とともにも添えられる。ショウガはもともとそれぞれの鮨をつまむ間に口の中を清めるために供された。日本の鮨職人は、鮨を完璧に作る技術をマスターするために、最低2年間は修行する。そして正しい食べ方の作法もある。決まりは破られるためにあるとも言えるが、どうしても守らなければならないのは、魚の側を醤油につけること。それを無視するのは愚の骨頂。にぎりが崩れて、きまりの悪い思いをするハメになる。

自分で作るときに気をつけること

 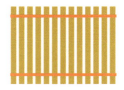 

指を濡らすと、粘り気のある米を握りやすい　　海苔巻きは、巻き簾でしっかり巻いてから切る　　きれいに切るには、よく切れる包丁を湿らせて、1回切るごとにきれいに拭う

材料

魚介類　　海苔　　鮨米　　野菜

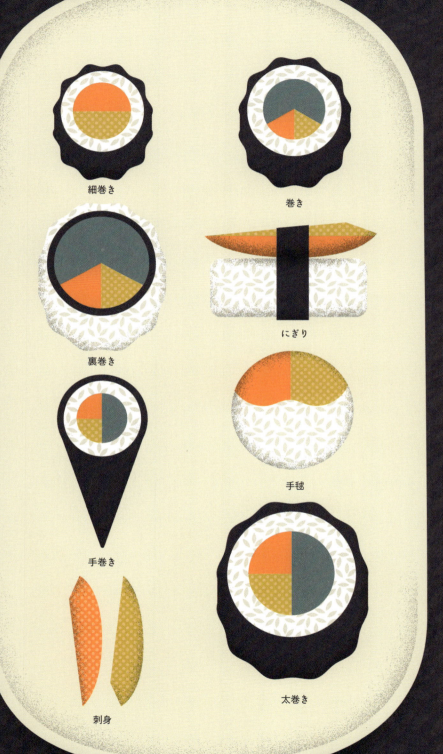

165

食卓から

シチュー：鍋の中で溶け合って

この料理は、時間をかけてじっくり煮込み、主役（しばしば肉で、ときに野菜）が柔らかくなり、さまざまなスパイス、ハーブ、香料が溶け合って、濃厚な滋養に富むソースになることがすべて。家庭の味、冬の定番で、驚くほど安上がりで簡単にできる。

1. 主役

魚好きには

風味と歯ごたえのあるシチューのために、持続可能な魚（タラ、サバ）と貝や甲殻類（ムール貝、エビ）を。すぐにできるが、適切なスープ・ストックが欠かせない

野菜好きには

冬にはタンパク質を摂るためのレンズ豆、ヒヨコ豆、インゲン豆、白インゲン豆、ライ豆とともに、ナスとキノコを。夏には、エンドウ豆、レタス、ズッキーニを生き生きした柔らかい生のハーブ（タラゴン、チャービル、チャイブ）と

肉好きには

牛のすね、頬、胸、尾の肉、ラムの首、胸、肩、すねの肉、豚の膝関節または肩の肉、鶏の腿とすねの肉、ウサギやキジをまるごと（少ない肉を食べるのによい）

2. 風味のバックボーン

ハーブ

ベイリーフ、セージ、ローズマリー、タイムのような乾燥させた木本のハーブを、細かく刻むか丸ごと、最初に入れて最後に取り出す。魚に合うフェンネル、ディル、またはタラゴンは最後に入れてかき混ぜる

聖三位一体
（主要三要素）

どんなシチューでもタマネギ、ニンジン、セロリで始めれば、あまりひどいことにはならない。芳醇でまろやかな味にするには、ニンニクも効果的

酒

豚肉とウサギには、カラシとクリームソースとともにシードルかドライ・シェリーが、牛肉には赤ワインまたはエールが、魚や猟鳥にはベルモットが合う

味のアクセント

調味料は欠かせないが、ベーコン、パンチェッタ、グアンチャーレなどの塩漬け肉を少量入れると、本当においしい風味が出る

3. 脇役

穀物
精白大麦、スペルト小麦、フリーカ［若芽の状態で収穫し、焙煎したデュラム小麦］、またはオルツォのような小さいパスタを入れれば、シチューのかさが増えるだけでなく、口当たりがよくなる。伝統的なシチューより軽いのがよければ、キノア、ソバの実、またはアマランサスの種のような穀物もどきで試してみて

豆類
インゲン豆やレンズ豆はタンパク質を増やし、シチューを安くかさ増しし、腹もちをよくする

団子
スエット［牛や羊の腎臓と腰の周りの固い脂肪組織］と小麦粉と水で作ろうが、もっと大胆にサフラン、セモリナ、パルメザンのような材料を使おうが、どんなシチューも腹持ちや見栄えがよくなる。風味付けにハーブ、柑橘類の皮、スパイスを加える

ジャガイモ
安上がりで食べごたえがあり、回りの風味を吸収する。完全に溶けてしまうのを避けるには、新ジャガをまるごとで

野菜
冬のシチューには小さなパール・オニオン、パースニップ、サツマイモ、またはカブのような根菜やカボチャの厚切りを入れれば、変化がつけられる

4. 調理

①高温で肉に焦げ目をつけるメイラード反応［還元糖とアミノ化合物を加熱したときなどに見られる、褐色物質を生み出す反応］から始める。焦げ目をつけると風味が高まるが、その後は低温でじっくりが経験則。キャセロールに入れる前に野菜をローストしてみて。形が崩れないように最後の方で入れる
②レンジにかけた時、またはオーブンの中で、液体は鍋の中心部でかろうじて揺れるだけに。スロークッカー［長時間煮るための調理鍋］を使えばもっとよい。エネルギーの節約効果が大
③火の通る時間に従って、材料を加える。肉と浸しておいた豆は一番早く、根菜と穀物は少し後で（理想的には火を止める1時間前に）。サヤエンドウのような生野菜やあらかじめ火を通しておいたインゲン豆などは、終わり近くに

5. 仕上げ

新鮮なものにするには：グレモラータ、ペルシャード［パセリとニンニクのみじん切りにパン粉を混ぜたもの］、サルサ・ヴェルデを加えるか、生の柔らかいハーブを刻んで入れれば、じっくり煮込んだものに新鮮な風味が生まれる。レモンの塩漬けのみじん切りも夏の魚にすてきな香りをつける

風味を増すには：供するときにヨーグルト、サワークリーム、生クリームを加えると、シチューが手早く濃厚になる。ギリシア・ヨーグルトにつぶしたニンニク少々、塩、ハーブ、レモンの皮、オリーヴオイル、タバスコを混ぜたものを試してみて

チーズ：フェタと山羊の凝乳を入れれば、野菜の味がぐっと引き立つ。ハード・チーズをおろしてトマト・ベースのあるいはビールで味付けした肉のシチューにかけるとおいしい

食卓から

パイ：とんでもないディナー

サッカーの試合観戦のお供で童謡にも登場するパイほど、論争を呼ぶものはあるだろうか？ 甘いあるいは塩味の中身の入ったペストリーで、一見とても単純に見えるが、実はとても複雑。折りたたんだり包んだりしたものでもないし、ポーク・パイでもない限りしっかり立ってもいない。パイはパイ型（底の生地が生焼けになるのを避けるために金属、あるいは焦げるのを避けるためにセラミックか焼き物）の底に生地を敷き、上にも生地を載せる。そうでしょう？ でも現代のパイはどう？ 基本的にはシチューで、ペストリーが「蓋」になっているものもあれば、キーライムパイ［キーライム果汁、卵黄、コンデンスミルクをパイクラストに入れて作るアメリカ合衆国のデザート］にいたってはペストリーなど影も形もない。ひいきのパイが何であれ、ある特殊な中世のパイ作りだけは、たぶん避けた方がよい。客を驚かそうと、料理人は生きた鳥を詰めたのだそう。

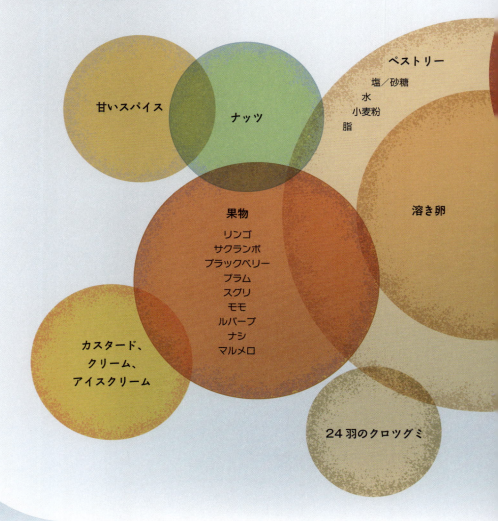

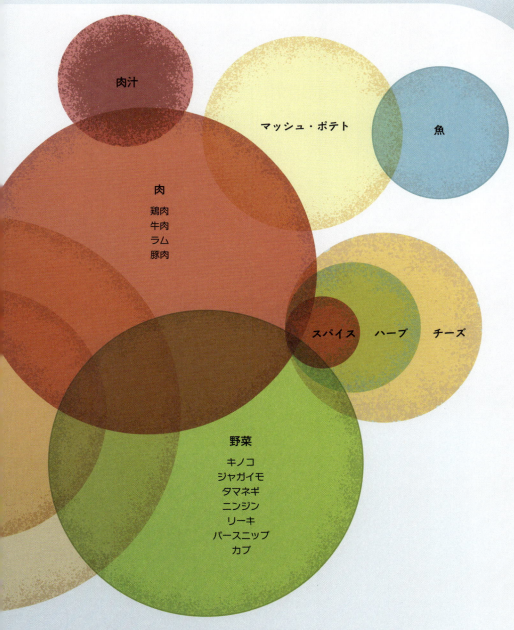

- 詰め物をせずにパイの底を焼くと、パリッと焼ける
- 風味のある中身は前もって（理想的には前日に）作っておくと、風味が増し、冷えた状態でパイに入れられる
- ひだを寄せると見栄えがよくなるだけでなく、中身をしっかり閉じ込めることもできる
- 蒸気を逃し、中身の流出を減らすために、専用のパイ・ファンネルを使うか、ただパイの蓋にナイフで切り込みを入れるかして、空気穴をあける
- パイ皮に溶き卵（ミルクとともにかき混ぜた卵）を塗ると、金色の艶が出る

1,000 万羽
―
イギリスで毎年食べられる七面鳥の数

芽キャベツが好きか嫌いかを決定する遺伝子がある
TAS2R38

6,000 kcal
―
イギリス人がクリスマスに消費する平均的カロリー

食卓から
―
クリスマス：暴食のランチ

　キリスト教徒の世界には、1年に1日、年齢、性別、所在にかかわりなく、家族が集って祝宴をする日がある。打ち解けた浜辺のバーベキューのこともあれば、信仰に基づく儀式的なディナーのこともある。しかし共通のテーマは、暴食。
　計画準備には何か月もかかることもある。中世以来イギリス人の楽しみになっているクリスマス・プディングの用意は、キリスト降臨の前の最後の日曜日、つまり「クリスマス・プディングの材料を混ぜる日曜日」から始まる。混ぜるときは三人の賢者への敬意を込めて、東から西に向かって混ぜることになっている。もとのレシピでは牛肉あるいは羊肉とワインが必要とされていたが、最新版ではドライ・フルーツ、スパイスとアルコールになっている。13というのはキリストと12人の弟子を表す特別な数字なので、13種の材料を使わなければならないという言い伝えもある。見つけた人に富と幸運が与えられるように銀貨を混ぜることもある。それで最終的に供されるのは、1か月も後。そのときにはイエスのイバラの冠を象徴するヒイラギを飾り、受難としてブランデーをかけて火をつける。
　イタリアのシエナではドライ・フルーツ、ナッツ、砂糖の詰まった粘り気のあるスパイシーな「パン」パンフォルテが、ミラノではフルーツのたくさん入ったふんわりしたローフケーキ、パネットーネが好まれる。ドイツには果皮、スパイス、干しブドウ、マジパン入りのシュトーレンと呼ばれる菓子があり、バターとイーストを使う。ギリシアにはメロマカロナがある。これらはケーキとクッキーの中間的存在で、オリーヴオイル、シナモン、クローヴで風味をつけ、ナッツとハチミツをたっぷり入れる。
　けれどもキリスト教国の大半にとって重要なのは、何と言ってもおいしい料理。七面鳥のローストが不朽の人気を誇っている。イギリスでは、七面鳥が買いやすくなり冷蔵庫が普及した1950年代頃に伝統となった。それ以前には、呼び物としてガチョウや牛肉が使われたようだ。七面鳥は北米では、しばしばクランベリー・ソースを添えて、感謝祭とクリスマスに供される。南米では臓物と白米が添えられる。オーストラリアでは冷製を薄切りに、ヨーロッパの大部分ではさまざまな付け合わせとともにローストされる。
　他の国々では祝宴に肉は完全に忌避されている。イタリアではクリスマス・イブに7種の魚の祝宴をするが、塩タラ、イカ、ウナギが好まれている。リトアニア、ポーランド、ウクライナ、ベラルーシでは、ニシンの漬物［塩漬け、油漬け、クリーム漬など］、酸っぱいスープ、淡水魚、麺とパンなど12種の肉なしの料理によって信仰を表す。

厚いパンケーキ

小麦粉135ｇに卵1個、ミルク130ml、ベーキングパウダー小さじ1杯、上白糖大さじ2杯、溶かしバター大さじ2杯を入れ、かき混ぜてダブル・クリームの堅さのどっしりした生地を作る。熱したフライパンにバターを溶かし、大さじ山盛り1杯の生地を落とす。1分たって表面に泡が見えたら、ひっくり返してキツネ色になり膨らむまで焼く

薄いパンケーキのための完璧な材料

卵2個

ミルク
300ml

小麦粉
100g

泡立て器

厚焼き VS 薄焼き：あなたはどちら？

スコッチ・パンケーキ

ドロップ・スコーンとしても知られている小さいパンケーキで、伝統的にグリドル［料理用の円いフライパン状の鉄板］で焼く

バターミルク・パンケーキ

アメリカとカナダのトレードマークの厚いふわふわしたパンケーキ。秘密兵器はベーキングパウダーで、小麦粉、バターミルク、砂糖と混ぜて、完璧に膨らます

厚焼き

パンネンクーケンあるいはオランダのおはこ

オランダ生まれの大きなファミリー・サイズの甘いパンケーキ。スフレ風にオーブンで焼く。このパンケーキは卵の量が多い。つぶれる前に素早く供する

オーストラリアのパイクラット

北半球のものより小さいこの厚いパンケーキは、オーストラリアで人気で、ジャムとクリームとともに、アフタヌーン・ティー・スタイルで供されることもある

マレーシアの
アパム・バリック
露店の薄くて二つ折りにされたパンケーキ。米粉で作り、中に甘いピーナッツを入れる。折り目を下に供される

ハンガリーの
パラチンタ
紙のように薄いパンケーキで、三角形にたたんで供される。スクランブルド・エッグやクリームソースをかけた肉や魚介など、甘いあるいは塩味の具が入っている

薄焼き

イギリスのパンケーキ
告解の火曜日になくてはならないこの中位の薄さのパンケーキは、伝統的にレモンと砂糖とともに供される

フランスのクレープ
大きな薄いパンケーキは、ひっくり返して両面を焼き、ハムとチーズ、あるいはたぶんヌテラ［ヘーゼルナッツ入りのチョコレート・スプレッド］とバナナのように、塩味のまたは甘いものを添える

食卓から
パンケーキ：高く積んで

このファスト・フードの元祖は、告解の火曜日、ハヌカー［ユダヤ教の清めの祭り］など多くの宗教的行事にしばしば関係し、わずかな材料が大きなものを象徴する。卵は創造、小麦粉は命の糧、塩は健康、ミルクは清浄を。また四旬節の断食の間に禁じられる食べ物を使い尽くす儀式的な方法でもあった。

今日ではもちろんパンケーキは日常の食べ物で、朝に厚いパンケーキを高く積んで、ジョージ・ワシントンのように（と言われている）メープル・シロップをかける。あるいはたぶん小型の、ひと口で食べられる蕎麦粉のブリヌイ［ロシアのパンケーキ］のように、サワークリーム、スモーク・サーモン、キャビアを載せる。またはひょっとしたら薄いパンケーキのファンで、中国の薄餅（パオビン）のように、ディナーでロースト・ダック、海鮮醤、キュウリ、ネギを巻く。誰にも、いつでもパンケーキはある。でもどの食べ方が好みでも、問題は残る。高く放り上げる？　それとも低く滑らせる？

薄いパンケーキ

小麦粉100gに卵2個、ミルク300ml、溶かしバター大さじ1杯を混ぜる。よくかき混ぜ30分間休ませる。シングル・クリーム［乳脂肪分が18％のクリーム］のような柔らかい生地に。焼く準備ができたら、フッ素樹脂加工のフライパンに無塩バターをひとかけら入れる。バターが溶け始めたら、休ませた生地をレードル1杯分加え、フライパンを回して全体に広げる。1～2分たったらポンとあるいはそっとひっくり返してもう一面も焼く。それから捨てる。最初のパンケーキはいつも最悪。でも残りの生地はきっとうまく焼けるはず。レモン果汁と砂糖または何でもお好みでどうぞ

173

食卓から

マカロン：モンスター攻略

　本当はただ卵白、砂糖、アーモンドを混ぜたとても単純なもの。その材料を使って30分以下でできるにもかかわらず、上品なフランス菓子の極め付けで、最初に卵を割ってから約52時間後に食べるのが一番という代物。失敗の余地はほとんどない。各段階の秘訣を呑み込めば、いつでも申し分のないマカロンができる。

中身

*レモン・カード

**チョコレート・ガナシュ

風味をつけたバター・クリーム

果物のジャム

マカロン

10 天板を2回軽く調理台に打ち付け、蓋をせず1時間休ませる

9 天板にクッキングシートを敷いて、直径3〜5cmの大きさに絞り出す

8 3のナッツ・ペーストと7のメレンゲを、なめらかに流し込めるようになるまで、そっと切るように混ぜ合わせる

160℃ 余熱したファン・オーブンの中段で一度に天板1枚分を12〜15分焼く

7 泡立てを続けながら熱い砂糖シロップを6の中にゆっくり入れ、濃く堅く艶が出て少し冷えるまで泡立てる

6 残りの卵2個分の卵白を柔らかな角ができるまで泡立てる

*レモン風味のペースト
**チョコレートをベースに生クリーム、バター、牛乳などを混ぜ合わせたもの

失敗したとき

割れる
十分長く休ませないと！

粘つく
焼きが足りないので、
オーブンに戻す！

平たくなる
泡立てが不十分か、泡立てすぎ。
もう一度試してみて！

レシピ

1 調理の24時間前に4個の中位の卵を割っておく

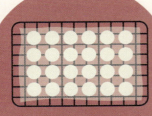

2 挽いたアーモンド165gを粉砂糖165gとよく混ぜる

3 2をふるって、割っておいた卵2個分の卵白と混ぜる

4 色をつけたければ今！液体ではなく、ペースト状かパウダー状の着色料で

5 砂糖150gを水50mlに入れ120℃に加熱する

12 天板から取り出して完全に冷やし、シートからはがす

食卓から

パブロバ：
オーストラリアの誇りで喜び
（そうでしょう？）

　自分の名前がつけられたデザートがオーストラリア人とニュージーランド人の論争の種になろうとは、ロシアのバレリーナ、アンナ・パヴロワ（Anna Pavlova）は夢にも思わなかっただろう。それはともかく、パブロバ（Pavlova）［クリーム、果物を載せたメレンゲ菓子］は、本当に本当においしい。

　パヴロワの全盛期 19 世紀末から 20 世紀初頭以来、オーストラリア人とニュージーランド人は、最初のパブロバがどこで作られたかについて言い争ってきた。前者は 1930 年代にオーストラリアのホテルのシェフ、ハーバート・サクシーがパースで発明したと主張しているが、ニュージーランドの学者ヘレン・リーチは、ニュージーランド人が最初に発明し、名付けたと確信している。確かに言えるのは、1920 年代にアンナが両国を訪れていたことと、1940 年代には両国ともアンナに敬意を表してパブロバをこしらえていたこと。いずれにしろパブロバはおいしいので、バレエの女王には感謝すべきである。

メレンゲの教え

1. こするとキュッキュッと鳴るくらい清潔なボウルで
2. 熟成した卵が最適（卵白を冷蔵庫か冷凍庫で保存しておく）
3. 卵白がピンと角が立つくらい泡立てたら砂糖を加える
4. メレンゲは密封容器に入れ、室温で保存する。冷蔵すると水分がにじむ

あまりにバリバリなら
メレンゲを砕いて泡立てたクリームに混ぜ、柔らかいまたは煮込んだ果物を載せれば、イギリスの*イートン・メス風に

*イチゴ、メレンゲ、クリームを混ぜて作るデザート

ぺちゃんこのときは
もっと多くのクリーム、アイスクリーム、またはシャンティイ・クリーム［ホイップ・クリーム］と果物を重ねて、フランスの*ヴァシュラン風に

*メレンゲをアイスクリームとともに飾った冷たいケーキ

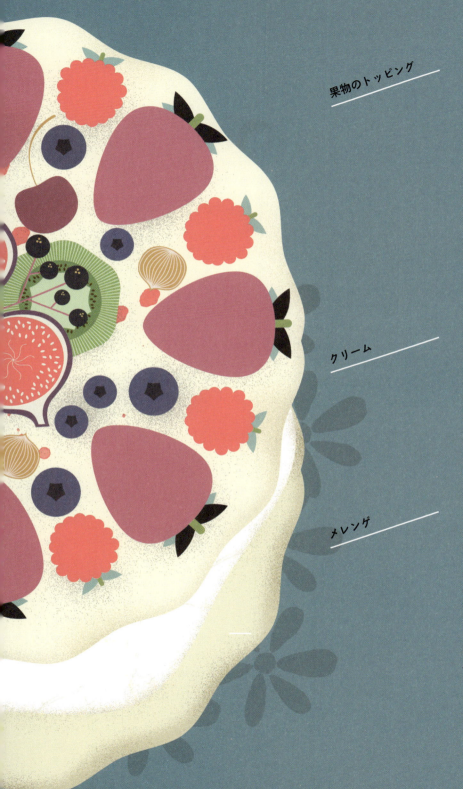

果物のトッピング　トッピングは工夫して。伝統を守ってパッション・フルーツ、マンゴーまたはキウイのような南洋の果物を載せるか、イチゴやキイチゴ、ブルーベリーのような柔らかいベリーをクリームとともに載せる。甘いメレンゲには酸っぱい果物もよく合う。煮込んだルバーブとショウガ、またはスグリとニワトコの花もお試しあれ。あるいは塩キャラメル・ソースと薄切りバナナ、またはおろしたダーク・チョコレート入りの*プラリネと完全に混ぜて

*焙煎したナッツ類に加熱した砂糖を和えてカラメル化させたもの

クリーム　ホイップ・クリームはうっとりするほど「頃合い」に、ふわふわと雲のように。あまり泡立てが少ないと、パリパリしたメレンゲの側面を流れ落ちるし、あまり泡立てすぎると、バターのようになる。クリームは粉砂糖で甘く、あるいはリキュール、ローズ・ウォーターかオレンジ・ブロッサム・ウォーター、ヘーゼルナッツ／チョコレート・スプレッド、または柑橘類入り凝乳で風味をつけることができる。重くならないように

メレンゲ　メレンゲは基本的なフレンチ・メレンゲ（たとえば泡立てた卵白と砂糖）であるべきだが、透明な酢かレモン果汁とトウモロコシ粉を加えれば、低温でゆっくり焼くと、パリパリした外側と噛みごたえのあるマシュマロのような内側ができる。風味付けのためにバニラ・エッセンス、ココア・パウダー、挽いたナッツ、コーヒー・エッセンスを加えることもできるし、黒砂糖を入れることもできる。いずれにしてもメレンゲが焼けたら、完全に冷めて乾くまで、オーブンに入れたまま、扉を少し開けておく

食卓から

ティラミス:「私を元気づけて」

ヴェネツィアのティラミスほど満足なひとときを約束してくれるデザートがあるだろうか？　ティラミスとは「私を元気づけて」という意味。それにしても母国でも海外でもこれほどの人気を誇るにもかかわらず、できてからまだ50年とたっていない、というのは信じられないような話だ。

例によって、この現代の古典を発明したのは、実際には誰かという議論が起きている。1980年代初頭に初めてレシピを公開したイタリアの料理書は、トレヴィーゾのレストラン、アッレ・ベッケリエのペストリー・シェフ、ロリ・リングアノットだとしているが、この家庭向きのレシピには今では基本的な材料となっているマルサーラ・ワインが含まれていない。その後これもトレヴィーゾの別のペストリー・シェフ、カルミナントーニオ・イアンナッコーネが、1969年にエスプレッソ、マスカルポーネ、卵、マルサーラ・ワイン、スポンジ・ビスケットという地元の日常的な材料を集めて作っていたのは自分だと主張した。そして世界中で大人気を博したのは、後者のアルコール入りの方。とにかくティラミスはすぐれもので、家庭でも簡単に真似できた。重ねればよいのだから…

決してトライフルではありません！
（些細な問題）

大陸から海峡を渡れば、イギリスにも層になったプディング、トライフルがあり、はるかに長い歴史がある。イギリス人はほとんど400年も前に、アルコールを染み込ませたパンの上にカスタードを注ぐ伝統的なプディングの原型を作り出した。ティラミスとトライフルのちがいは、もちろん果物のある無しで、トライフルの現代版には、夏のベリーから、マンゴー、パイナップル、スパイスの効いたドライ・フルーツまであらゆる果物が含まれる

ココア・パウダー
仕上げにかけて。ミルク・チョコレート、ダーク・チョコレート、ホワイト・チョコレートをくるんと削ったものでも可

マスカルポーネ・クリーム
このイタリアの熟成させていないクリーム・チーズは、ティラミスの主要な材料で、本格的には、卵黄、砂糖、（ときに）マルサーラと泡立てた卵白で、ザバイオーネに似た甘いマスカルポーネ・カスタード・クリームを作る。卵を厄介払いし、マスカルポーネをダブル・クリームとマルサーラで軽くするまやかしもある

スポンジ・ビスケット
元のレシピはレディ・フィンガーかブードワ・ビスケット［いずれも指のような大きさ、形のスポンジ生地の焼き菓子］を指示しているが、甘く、軽く、もろくて、コーヒーと酒を混ぜたものをよく吸収すれば、OK

マスカルポーネ・クリーム
均一な3層に、またはもっとよいのは、厚みのある2層に

スポンジ・ビスケット
昔からの試練。びしょびしょにならずに浸み込ませるには？ためらいながらちょっとずつ浸すのではなく、思い切りよく突っ込んで

チョコレート
お好みで、層の間にココア・パウダーあるいは削ったチョコレートを少し

マスカルポーネ・クリーム
ビスケットには酒が浸みているので、クリームにはマルサーラを除外することができるけれど…そうする？

スポンジ・ビスケット
最下層のビスケットは、おいしいティラミスの土台になるので、満足なしっかりしたベースとなるようたくさん敷くこと。フィンガーは冷たいエスプレッソ（手抜きのインスタント・コーヒーは不可）と、もし代表的なものがよければ、ブランデーかマルサーラを混ぜたものに浸す。でもオレンジの香りのグラン・マルニエ（オレンジ・リキュール）、たぶんラム、またはティア・マリア（コーヒー・リキュール）ならもうたまらないかもしれない。リキュールにはご用心。効かせるだけで、支配されないように

CRONUT™ ではありません

ニューヨークのシェフ、ドミニク・アンセルのCRONUT™（*クロナッツ）の公式レシピがとうとう公開されたが、長ったらしい3日がかりのもの。手のかかるこの菓子を半分の時間で作り、好きなように飾って。でもできたてを食べるのが絶対条件

*クロワッサンとドーナッツを融合させたペストリー

1. 60mlの湯に、即席イースト9gを入れてかき混ぜ、泡立て、250mlの温かいミルクを加える

2. 別のボウルに小麦粉650g、精製塩小さじ1杯、上白糖65gを入れ、冷たい無塩バターの角切り60gとすり混ぜて、パン屑のようにする。卵1個を泡立てて、ナイフで切るように混ぜる。混ぜたものにくぼみを作る

3. 1をそのくぼみに注ぎ、生地が丸められるようになるまで、やさしく2と混ぜ合わせる

4. 滑らかになるまでこねる。油を塗ったボウルに入れ、シャワー・キャップで覆い、温かい場所で、1時間あるいは大きさが2倍になるまで、発酵させる

5. 生地を厚さ1cmの長方形に延ばし、2枚のベーキング・シートで挟む。45分間冷やす

6. 麺棒で250gの冷たい無塩バターを生地の2/3の大きさの長方形に延ばす。生地の上にバターを置き、生地の手前の端1/3を折り返し、反対側の端の1/3も半分に折り返し端を合わせて閉じ、バターを包む。生地を90度回転させる

7. 上にベーキング・シートを載せ、手前から向こうへそっと生地を延ばし、もう一度きちんとした長方形を作る。もう一度同様にたたんで、20分間冷やす

8. たたんでは延ばすを2回繰り返し、それから型抜きで輪型にくり抜く。一回でさっとくり抜き、ねじってはいけない

9. ドーナツ型の生地を油を塗った皿に載せ、覆いをして、温かい所でひと晩発酵させる

10. 大きな鍋に植物油を入れて175℃に熱し、何回かに分けて、全体がキツネ色になるまで、揚げる。キッチン・ペーパーで油を切り、まだ温かいうちに風味をつけた砂糖をまぶす

食卓から

ドーナツ：
食物界のダース・ベイダー

いくつかの食物は、健康によい成分（あれこれのビタミン）が豊富なので「スーパーフード」として支持されているが、ドーナツは究極の悪役。食物界のダース・ベイダー［映画『スター・ウォーズ』の登場人物］で、始末に負えないが広く愛されている。このバター入りの甘い揚げ菓子は、砂糖まみれで、ジャムが詰まっている。

世界には、小さくて丸いイタリアのツェッポレから細長いスペインのチュロまで、さまざまなタイプがあるが、もっともよく知られ愛されているのは、アメリカ式の丸い、またはリング状のドーナツである。

飾る

詰める

丸いドーナツに穴をあけて、果物のジャムや砂糖煮、カスタード、チョコレート・ガナッシュ［チョコレートをベースに生クリーム、バター、ミルクなどを混ぜ合わせたもの］、または味付きのクリームを

まぶす

まだ温かいうちに、上白糖（そのままか、カルダモン、シナモン、ラベンダー、バニラなどの風味をつけたもの）をまぶすか、粉砂糖を振りかける

かける

粉砂糖をミルクか水に溶かして、濃い液体を作り、丸いあるいはリング状のドーナツにかけ、固まらせる

181

食卓から

クッキー：ベストセラー

おやつの中でも甘く、まぎれもない*クラムスの痕跡をとどめているこのクッキーが、私たちの定番になったのは最近だと思われるかもしれないが、実際には過去 300 年にわたって食べられてきた。しかしその中でももっとも代表的なクッキーが作られたのは、1930 年のこと。

マサチューセッツ州、ホイットマンのトル・ハウス・インの持ち主ルース・ウェイクフィールドが、あの至高の菓子チョコチップ・クッキーを作ったのだとする話は、何通りかある。一説にはウェイクフィールドがひと焼き分のクッキーを用意している間に、ふつうの料理用チョコレートが切れているのに気づき、ネスレのセミ・スイートの板チョコを細かく刻んで入れたのだという。完全に溶けてクッキー全体に風味がつくと思ったのだ。ところがチップはそのまま残り、おいしい塊が散らばったビスケットができた。ウェイクフィールド自身は、今や有名なトル・ハウス・クッキーができたのはふつうのバタースコッチ風味のナッツ・クッキーに計画的にチョコチップを入れたからだと主張している。いずれにしてもチョコレート業界の巨人ネスレはこのクッキーの権利を買い、ルースには終生ネスレ・チョコレートを供与した。

*ケーキの上の飾りで、砂糖、バター、小麦粉を練り合わせたもの

1. 上白糖 100 ｇと薄茶色の*マスコヴァド糖 100g、無塩バター 125g（室温にしておく）をクリーム状に練る

2. 中位の卵 1 個と卵黄 1 個を入れて泡立てる

3. 別のボウルに小麦粉 175g、重曹小さじ 1/2、塩小さじ 1/4 をふるい入れる

4. 粉類を泡立てたボウルに入れて混ぜ、生地を作る

*サトウキビからとる未精製の砂糖

食卓から

ヴィクトリア・スポンジ・ケーキ：ケーキの基本

もし生涯でひとつケーキの作り方を学ぶとしたら、イギリスの典型的なティータイムの菓子、ヴィクトリア・スポンジ・ケーキ。とてもシンプルで、応用しやすく、腕利きの料理人のレパートリーになくてはならないもの。ベーキングパウダーが発明されたおかげで19世紀半ばに作られ、ヴィクトリア女王に愛されたこのケーキは、クリームを使ったスポンジのサンドイッチ・ケーキで、わずかな簡単なこつを呑み込みさえすれば、すぐにできる。

最初にオーブンを180℃に余熱する——このケーキは手早くできるので、オーブンを準備して！ 次に材料を量る。直径20cmの円いケーキ型2個分で、卵4個、同じ重さの上白糖（約220g）、柔らかくした無塩バター、ベーキングパウダー入りの小麦粉とベーキングパウダーが必要。バターを少し溶かして、キッチン・ペーパーでケーキ型に薄く塗り、ベーキング・ペーパーで裏打ちする。材料はすべて室温にしておく。それより冷たいと、混ぜるときにだまになるかもしれない。

バリエーション

ホワイト・チョコレート・バタークリームと生のブラックベリー。上にホワイト・チョコレートをくるんと削って

ニワトコの花のジャムを挟み、バニラ入りの砂糖をかけて

220gのベーキングパウダー入りの小麦粉＋小さじ1杯のベーキングパウダー

卵4個 (220g)

電動ミキサーか木べらで、砂糖と柔らかくしたバターを白っぽくふわふわになるまで泡立てる。泡立てを続けながら卵を一度に1個ずつ加える。混ぜたものが固まり始めるように見えたら、小麦粉を大さじ1杯加える。卵を全部入れたら、ミキサーを止めて、小麦粉と小さじすり切り1杯のベーキングパウダーをふるい入れる。大きな金属のさじを使ってそっと切るように、生地の中で8の字を描くように混ぜ合わせる。生地の堅さは、さじを傾けてポタリと落ちるくらいがちょうどよい。もし落ちなければ、室温のミルクで少し緩める。

準備しておいたケーキ型に入れ、すぐに余熱しておいたオーブンに入れて、キツネ色になって膨らみ、触れると弾力が感じられ、ケーキの中心に串を刺しても何もつかなくなるまで、20〜25分間焼く。

このレシピは簡単で、あっと言う間にしっかりしたスポンジができ上がる。だからルール違反はしないように。でも伝統的なジャムにひねりを加えても結構。それは認めます。

チョコレート・オレンジ・バタークリーム

生クリームにレモン・カードの渦巻きを

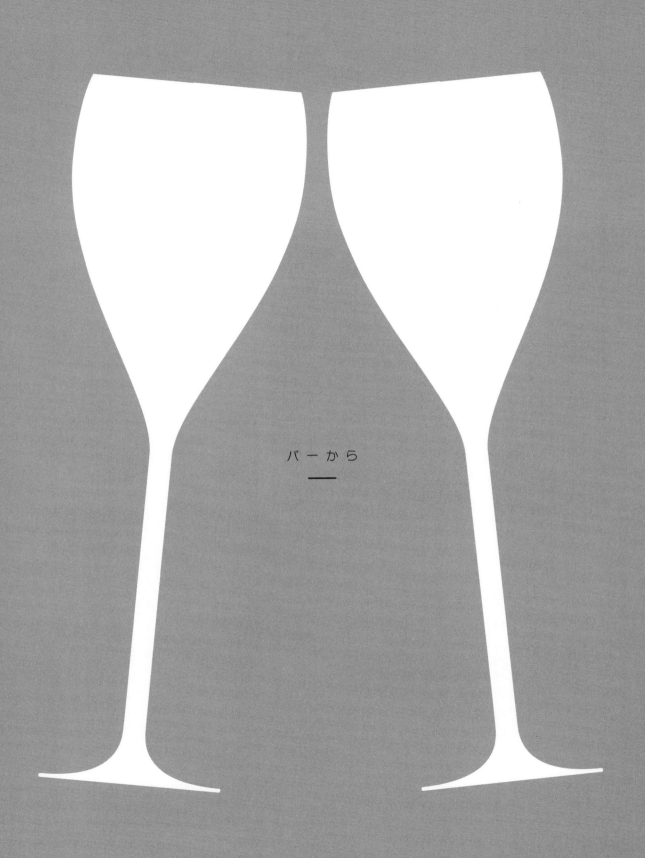

バーから

まったくちがう コーヒーを

コーディアルは今では単なる水より多く使われている。コーヒーショップでも家庭でも、日々のコーヒーに風味のあるシロップを加えているのは、ご承知のとおり。冷たいことも、熱くてスパイスが効いていることもあるし、ホイップ・クリームを加えれば、飲み物というよりデザートに近くなる。好みのコーディアルを、バニラ・アイスクリームまたはホイップ・クリームにかけてみて

クレーム・ド・カシス
[黒フサスグリを原料とした甘みの強いリキュール]

カンパリ
[カンパリ社製の苦味のあるリキュール]

リキュールはもともと薬としてのコーディアルだった。
1日さじ1杯で医者いらずに！

シュナップス
[アルコールの強い蒸留酒]

トリプル・セック
[甘味を抑えてあるホワイト・キュラソー]

バーから
―
コーディアル：水をおいしく

今日コーディアルと聞くと、典型的な夏の清涼飲料のイメージが浮かぶが、その言葉には濃縮果汁からアルコール入りのシロップまであらゆる意味がある。中世初期のコーディアルは、実際には今日リキュールと呼ばれているものだった。

アルコール分が多く、当時もっとも一般的な薬のひとつで、あらゆる種類の病気、とりわけ心臓病の治療に用いられた。コーディアル（cordial）という言葉の語源はラテン語で、corは心臓を意味する。後のヴィクトリア時代になると、蛇の脂のような奇妙なものや、アヘンのような危険なものが入れられ、またしても健康、若返り、長寿が約束された。

現代の爽やかなコーディアルができたのは、19世紀の末にライム・コーディアルを作ったローフリン・ローズのおかげである。ライムは壊血病予防のために水夫が海に持っていくことで知られていたので、たぶんライムに含まれるビタミンCが体にいいという理由で、再び推奨されたのだ。これはレモン、オレンジ、黒フサスグリ、クランベリー、あるいはもっとエキゾティックなパイナップルやマンゴーのような多くの果物ベースのコーディアルの先駆けだった。

最近はハーブ、スパイス、花の香りなどさらに珍しい風味を取り入れ、技巧を凝らしたコーディアルのブームが起きているが、コーディアル作りのルーツに戻っていると言える。昔は庭中で入れられそうなものを探したのだ。水が嫌いな子供だけでなく大人向けにも販売され、これらの飲料は酒を飲めないドライバーにも人気が出て、ニワトコの花入りのような種類は、たちまちコーディアルの古典になりつつある。

バーから

茶葉の種類

白茶
白毫銀針茶を
茶の葉と芽（しばしば若い）を発酵させず、日光に当てて乾燥させる。抗酸化作用があり、カフェインは少なく、幽玄で上品な風味を持つ。熱湯ではない熱い湯で淹れるのが一番

烏龍茶（ウーロン）
武夷岩茶を
緑茶と紅茶の中間の半発酵茶。大きい葉を摘んだら揉んで、乾燥させ、半発酵させて（製造者や産地によって発酵の時間が異なる）、釜炒りする。酸化の度合いと炒り具合によって風味が変わるが、果実のような香りや花のような香りから、香辛料の効いたものや焙じられて香ばしいものまである

ハーブ・ティー
生のミントを
カフェインの入っていない茶なら、何千種とある。ハーブ、果実、スパイスは熱湯で淹れることができる。モロッコ人が好む生のミント・ティーから、鎮静効果のあるカモミール、あるいは癒し効果のあるレモン・ピールと根ショウガの茶まで

緑茶
龍井茶を
葉を摘んだら、酸化しないうちに鍋であるいは蒸気で加熱して、酸化を引き起こす酵素を殺す。およそ80％が中国産で、健康志向の人々に人気がある。淹れるときに苦味を避けたいなら、ほどほどの量で、熱湯ではなく熱い湯で1～2分蒸らす

紅茶
イングリッシュ・ブレックファスト・ティーを
あらゆる茶の中でもっとも手間がかかる紅茶は、十分に発酵させ、加熱して独特の鮮やかな色と香りと味を引き出す。熱湯で淹れるのが一番で、イギリスの典型的なアフタヌーン・ティーには欠かせない

普洱茶（プーアール）
中国雲南省の茶で、複雑で豊かな風味がある。経年熟成の生茶（緑）と発酵による熟茶（黒）があり、ばらのままのものと、固めたものがある

抹茶
覆いの下で直射日光をさえぎって栽培した茶の葉を粉にしたもので、日本の茶の湯で用いられ、さらに食品の風味づけに用いられることが増えている。健康によい性質が好まれるが（1杯の抹茶は緑茶10杯分の抗酸化作用があると言われている）、それは単に茶を淹れるというより、茶葉全体を摂取することになるからだ

ルイボス・ティー
チャノキ（*Camellia Sinensis*）から収穫されるものではないので、厳密には茶ではない。この赤い「茶」は南アフリカ共和国の灌木ルイボスの葉から作られる。葉を収穫して裁断し、水を噴霧して発酵させ、その後日光に当てて乾燥させる

フレーバード・ティー
*チャイを
緑茶と紅茶はしばしば風味をつけたり、他のものとともに淹れたりする。柑橘類（アール・グレイはベルガモットの香りをつけた紅茶）、花（緑茶にはしばしば香り高いジャスミンの花びらが）からスパイス（インドの紅茶には、シナモン、カルダモン、コショウの実など何でも）まで。正山小種（ラプサンスーチョン）[中国福建省武夷山周辺が産地]のように、松葉でいぶしたものもある

*ミルク、砂糖、カルダモンを入れて煮だした茶

茶：そのすべて

眠れない？ お茶を一杯淹れて。イライラする？ 薬缶を火にかけて。仕事を先送りしたい？ ティー・ブレイクを。もし緑茶を選べば、ダイエットできるとさえ言われている。ということでこの魔法のような「茶」とは何だろう？

本物の茶は、白茶、緑茶、紅茶のいずれも、中国、日本あるいはインドで、*Camellia Sinensis* という常緑の低木の葉から製造されている。およそ 5,000 年前に中国で初めて発見され、今では世界中のおびただしい国々の経済にとって極めて重要なものになっている。ワイン同様茶の木が育つ土壌が、加工法とともにその最終的な風味に影響を与える。

だから最上の茶を見つけるには、リーフで（安いティーバッグは文字通り茶の「屑」かもしれない）、そしてさまざまな農園の茶葉をブレンドしたものより、単一の生産者の「茶園」で生産されたものを。浸出させる時間とともに温度と水質もまた最終的な茶の味を左右する（慣習とは反対に、熱湯が必ずしも最適ではない）。よい販売者なら、個々の茶の最良の淹れ方を教えてくれるだろう。その上でストレートで、またはミルク（あるいはチベットのようにバターさえ）を入れて、砂糖か別の甘味料を加え、熱いままか冷して飲むことができる。でもケーキが一切れあれば、なお嬉しい。

もっとも強い茶でもカフェインの含有量はコーヒーの半分

ティーバッグは 19 世紀から 20 世紀への変わり目に、アメリカ人によって発明された

水に次いで茶は地球上でもっとも多く飲まれている

緑茶には酸化防止作用があるので、化粧水として用いることができる。ポットで茶を淹れて、完全に冷まし、肌につける

191

バーから

コーヒー：毎日挽いて

　油に次いで大量に流通している農産物のひとつで、世界中でもっとも多く消費されている飲み物のひとつ。コーヒーは大した物である。アメリカのホームコメディを支え、通勤者の活力となり、デートの最後を締める。古き良きコーヒーについては、本が書けるだろう。

　60か国以上で栽培されているが、大半が赤道から約1,600km以内の「コーヒー・ベルト」の範囲内。コーヒーの木になる深紅の実は、1cmを少し上回るくらいの長さで、それぞれには緑色の豆がふたつ入っている。1杯のエスプレッソを淹れるには、貴重な豆が42個必要だから、世界中で1日に飲まれる約20億杯のためには、莫大な収穫量が必要となる。

　ふたつの主な品種、世界の生産量の60%を占めるアラビカ種と、ロブスタ種は、収穫後焙煎される。私たちがみな虜になっている深い味わいと香りが生まれるのは、この工程である。豆は収穫されたときから劣化が始まるが、焙煎後はさらに劣化が進むので、短期間の熟成後（約1週間が理想的）少量ずつ挽く。

　それからあらゆる奇術が行われる。ドリップ、水出し、パーコレータ、あるいは浸漬。湯（濾過したもので、約91〜96℃が好ましい）、ミルクあるいは砂糖（でもたいていのコーヒー店ではアラビカ種にはどちらも不要と言うだろう）、バター（アメリカで最近熱狂的に流行）、卵（本当に）、シロップ、スパイス、その他を加える。こうするとあなたのコーヒーのできあがり。

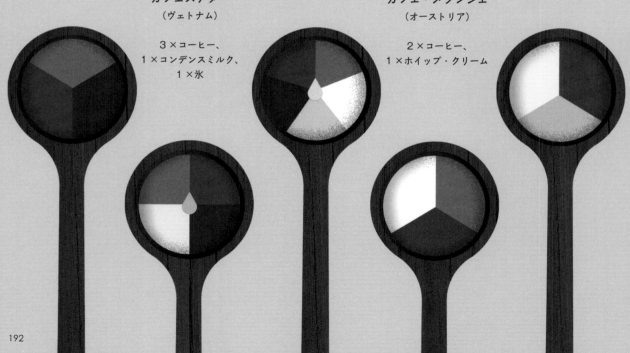

コピ・ルワク・アカ・クラブ・コーヒー
（インドネシア）

3×コーヒー
（ジャコウネコの糞から採れる未消化のコーヒー豆を使用）

カフェスアダー
（ヴェトナム）

3×コーヒー、
1×コンデンスミルク、
1×氷

アイリッシュ・コーヒー
（アイルランド）

1×アイリッシュ・ウィスキー、
3×コーヒー、
1×軽く泡立てたクリーム、
1×ブラウン・シュガー

カフェ・メランジェ
（オーストリア）

2×コーヒー、
1×ホイップ・クリーム

アッフォガート
（イタリア）

2×バニラ・アイスクリーム、
1×エスプレッソ

バーから

*ビターズ：その真実

　ひとつまみの塩あるいは小さじ1杯の砂糖が食物の味を引き立てるように、ビターズをほんの少し垂らせば、カクテルにすごいギア・チェンジが起こり、「いける」から最高の味へとアップする。ということでこのわずかな量で魔法を起こす液体とは何だろう？

　強いアルコールをベースにハーブやスパイスを加えたもので、元来薬として、または消化を助けるものとして用いられた。さまざまな病気の治療に一般に用いられたこのアルコールには、ハーブの香り、味、精油が含まれるが、アルコール自体が防腐剤として働き、また極端な苦味をやわらげた。

　もっとも有名な昔からのもので、世界中のカクテル・バーの定番は、アンゴスチュラ・ビターズ。ドイツ人の医師ヨハン・ゴットリーブ・ベンヤミン・ジーゲルトによって、船酔いの気付け薬、あるいは胃薬として作られたもので、名称はジーゲルトが当時滞在していたベネズエラの都市にちなんでいる。この気付け薬は船員によってヨーロッパの海岸に運ばれ、1850年には世界中に広まった。今では料理や飲み物の風味付けに用いられ、蚊除けとしてさえ使われることもあり、大きすぎるラベルで知られている（ゆったりしたカリブ人気質の現れで、それが定着した）。そして、たぶん驚かれるだろうが、苦くないので、グラスの中の他の成分をやわらげ、結び付け、強めるために、単に香料としても用いられる。

*薬草などで味付けけした苦味のある酒

アンゴスチュラ
トリニダード島で蒸留され、今なお1824年に作られた最初の秘密のレシピで製造されている。とくにカクテルのマンハッタンやオールド・ファッションドの典型的な成分で、クローヴ、アニス、ゲンチアナ［リンドウ属の1種］、カルダモン、ナツメグ、シナモンなど40種以上の香辛料を含む

レーガンズ
オレンジ・ビターズNo.6のメーカー。甘味は少ないが、スパイシーな柑橘類のビターズは、マルティネスのようなカクテルや、ラムまたはスコッチ・ウイスキーがベースのカクテルで、すばらしい効果を上げる

ペイショーズ
1838年ニューオーリンズで生まれた花の香りの軽いビターズには、ゲンチアナ、アニスが含まれる。カクテルのサザラックに合うことがよく知られている

フィー・ブラザーズ
アメリカの製造会社で、アステカ族のチョコレートやクログルミのビターズから、かつてジンに使われた樽で寝かせたオレンジ、グレープフルーツ、ルバーブのビターズが登録されている

ザ・ビター・トゥルース
ドイツのバーテンダー、シュテファン・ベルクとアレクサンダー・ハウクによって作られた。もっとも尊重されているのはビターマンズのシリーズで、オレンジ・ビターズ、セロリ・ビターズ、あるいはスパイシーなメキシコ風ショコラトル・モレ・ビターズなど呼び物が含まれている

手作り
ウオッカのような度数の高い中性アルコールに、トウガラシからコーヒー、さらにはニガヨモギのような変わったものまで、「苦味」を加えて試してみて。数週間浸しておいてから漉す

ビターズ入りのカクテル

スウェーディッシュ・ビターズ

消化を助けるビターズでもっとも有名なスウェーディッシュ・ビターズは、通説ではルネサンス時代の医師で神秘主義者パラケルススの時代にさかのぼり、18世紀にスウェーデンの医師によって再発見された。

20世紀にはオーストリアのハーブ研究家マリア・トレーベンの本によって広く知られるところとなり、胃酸を刺激して消化を助けると言われたが、もっと深刻な病気も治療できるという現実離れした説もある。

主な成分は、アンゼリカの根、チャボアザミ、ショウノウ、マンナ、ミルラ、サフラン、ルバーブの根、センナ、解毒剤ヴェネツィアン、ガジュツの根である。

バーから

ビール：パイント・グラスで

ビールは苦くて、たいてい大きなパイント・グラス〔1パイントは0.568ℓ〕で出てくるもの。でも世界のビールにはエールとラガーというふたつの主なタイプと、たくさんのさまざまなスタイルがあって、出番を待っている。

ふたつのタイプの主なちがいは、醸造の過程で使われる酵母と温度。最古のビールと考えられているエールには、発酵もろみの上面に浮き上がり最終的には沈む上面発酵酵母が用いられ、アルコール分の多い複雑な味わいのビールができる。一般に常温（18℃〜24℃）で醸造される。ラガーの方は、およそ8℃〜12℃の低温で、下面発酵酵母（酵母が発酵もろみの下面に沈む）を用いて長時間かけて発酵させると、すっきりした口当たりの透きとおったビールができる。両者の基本的な材料は同じで、水、穀物（通常は大麦）、酵母、ホップだが、醸造者は好きなものを加えられる。砂糖またはハチミツから小麦とライ麦、果実、ハーブ、スパイス、さらに牡蠣でさえ。

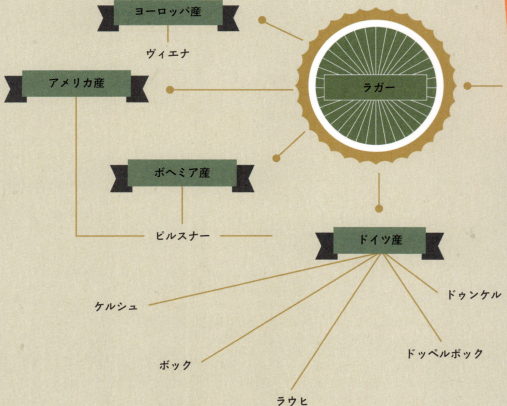

196

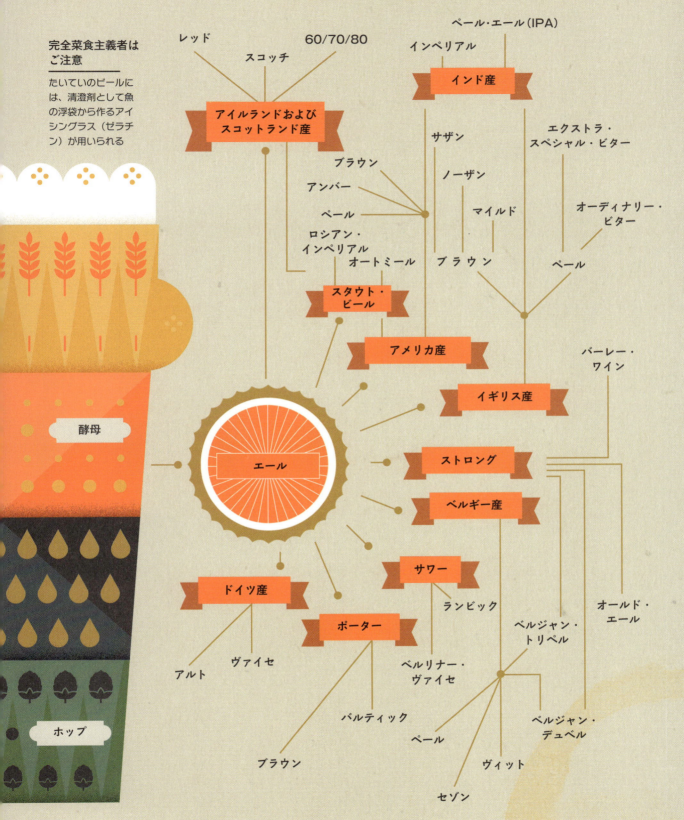

完全菜食主義者はご注意

たいていのビールには、清澄剤として魚の浮袋から作るアイシングラス（ゼラチン）が用いられる

バーから
シードル：リンゴの風味

シードルとして知られている飲み物の元はリンゴ。アメリカ北部とカナダの大半では、それは甘いリンゴのソフトドリンク——発酵させたり濾過したりしていない——だが、ヨーロッパでは酒で、甘口も辛口も、発泡酒も無発泡酒も、透明なものも濁っているものもある。でもいつも際立っているのは、リンゴの風味。

ペリー・グッド？
ペリーはシードルに似ているが、リンゴの代わりにナシで作る。シードルにはさまざまな風味や果実を加えることができるが、しばしば濃縮果汁を使っているので、質が落ちる

飲み物以上
シードルは飲み物だが、料理でも活躍する。鶏肉や豚肉からキジやベーコンなど白身の肉に注ぎ、煮詰めてカラシやクリームとともにソースに。ムール貝を蒸すときに、ワインの代わりに加え、揚げ物の衣に炭酸水あるいはビールの代わりに発泡性のシードルを使う

賃金
18世紀のイギリス、とくにシードル製造の伝統のあるサウス・ウエストの果樹園主は、労働者の賃金の一部をシードルで払った

アイスはナイス
過去10年間にシードルの飲み方は変わってきた。夏の主要な酒になり、大製造業者の販売キャンペーンのおかげで、スパークリング・シードルを氷に注いで飲むのが、新しいトレンド

スイート　　　　ビター・スイート　　ビター・シャープ　　　シャープ
（低タンニン、酸味弱め）（高タンニン、酸味弱め）（高タンニン、酸味強め）（低タンニン、酸味強め）

リンゴの種類
たいていのシードル製造業者は、甘味、酸味、タンニン（口当たりに影響する）および果汁の完璧なバランスを作り出すために、さまざまな種類のシードル用リンゴを混ぜて使う。シードル用リンゴの種類は何百種もあると考えられているが、実際に商業的製造業者によって常時使われているのは、10種より少し多いくらい。でもこれらのリンゴを食べようなどと思ってはいけない。堅くて酸っぱくて、シードル専用である

グラス1杯＝
泡100万

シャンパンは明るく、
水晶のように澄んでいなければならない。
色は経年数に応じて変わる

7℃〜10℃に冷やし、
瓶を45度に傾けて
注ぐこと

泡が続けざまに上って
「ムース」のように
なるものを

バーから

シャンパン：
すてきな発泡酒

世界でシャンパンほどお祝いにふさわしい飲み物はない。パリから東にほんの100㎞ほどのフランス北部で生まれたシャンパンは、スパークリング・ワインで、その名称はシャンパーニュという生地にちなむ。同地にはワイン生産の村が319か所あり、ブドウ栽培者兼ワイン生産者の数は15,000以上。

伝統的にシャンパンは白ワインと赤ワインのブドウ、ピノ・ノワール、ピノ・ムニエ、シャルドネを混ぜて作られる。無発泡ワインも発酵させて作るが、シャンパンの泡は、大半のスパークリング・ワインのように、酵母と砂糖を加えて二次的に発酵させてできたもの。1936年以来この有名な発泡酒は、北方の涼しい気候と白亜質の土壌を備えた独特の地方色のおかげで、AOC［原産地統制呼称：フランスの農業製品に与えられる品質保証］を授与されている。

世界には他にもスペインのカバ、イタリアのプロセッコ、ドイツのドイチャー・ゼクトなどのスパークリング・ワインがある。そしてイングランド、ブラジル、オーストラレーシア、南アフリカ共和国にもよいスパークリング・ワインがどんどん生まれている。全世界では2秒ごとにシャンパンの栓が抜かれていると考えられる。

バーから

ワイン：食事の友

ワインほど食物に密接に関係する酒は、たぶんない。何千年も前から飲まれてきたが、かつてなく重要になっている。食事にふさわしいワインを選べば、料理の風味が増す。

しかしワインの世界は広く、見たところ複雑である。覚えるべき専門用語が多く、選択範囲が圧倒的に広く、「良し悪し」に関して固有の知ったかぶりが横行しているので、どこから手をつけたらよいかわからないかもしれない。だから基礎を学んで、頭に入れること。原則には例外がつきものであることもお忘れなく！

ワインの温度

- 室温 — *ポートワイン
- 室温 — 赤ワイン
- 少し冷たく — 未熟な／軽い赤ワイン
- 少し冷たく — ロゼ・ワイン
- 冷たく — 白ワイン
- 冷たく — スパークリング・ワイン
- とても冷たく — 甘口／**アイス・ワイン

* ポルトガル原産の甘口の赤ワイン
** ブドウが自然凍結する極寒の冬を樹上で過ごさせ、完熟させることによって糖度を高めた甘いワイン

素人がワインを味わい楽しむ法

1. グラスの底をテーブルにつけたまま、グラスの中でワインを回転させて、かいでみる。香りは何千とあるが、普通は花、ハーブ、スパイス、植物の香りがする。バニラ、チョコレート、コーヒーの香りはしばしばワインが熟成する樽によって与えられるが、フランスの甘口ワイン、ソーテルヌのような他の種類は、ブドウが圧搾される前に貴腐ブドウ［果皮が菌に感染することによって、糖度が高まり、芳香を帯びたブドウ］になっているおかげでハチミツのような香りがする。この段階を飛ばしてはいけない。香りはワインの味わいに欠かせない

2. 専門家は、ワインを空気と十分に混ぜ、口の中全体に行き渡らせるように、啜って口の奥に吸い込むが、もし簡単にするなら、ただ口の中に満たせばよい。始めと途中と終わりに味と香りで風味を味わい、そのワインが、甘口か辛口か、酸っぱいか、タンニンの渋みがあるか、濃いか、アルコール度数はどのくらいか、そして味がどのくらい長く残るかを考えて。よいワインはバランスがとれているが、複雑な味がする。風味の特徴がわかれば、ディナーに合うワインを探すのに役立つ。たとえば脂っこい料理には酸っぱいワインというように。

地勢／気候／土壌／ワイン生産者／産地特有の味

● 旧世界
● 新世界

新旧両世界のワインは、一般にワイン製造者の場所の地勢、流儀、考え方に左右される。旧世界のワインは、昔からワインが作られてきた地方で醸造され、どの瓶にも地方色と伝統が受け継がれている。しばしば軽く、アルコール度数は低い。新世界のワインは暖かい気候のもとで、もっとフルーティーで、重い場合もあり、革新的

ワインのラベル

- 生産者名：誰が作ったか
- 品種：どの種類のブドウが使われたか
- 産地名／原産地呼称：ブドウの産地
- ヴィンテージ：ワインの造られた年
- ABV：アルコール度数

バーから

カクテル：心そそる 12 種

　甘味と酸味、塩味と苦味というように、おいしい料理はバランスが取れている。同様にカクテルもよく考えて割合を決める必要がある。酒、砂糖、水（氷からの）、ビターズから作るもっとも伝統的なカクテルも、現代では絶えず進化している。しかし家庭で作ったものだろうと、他所で飲むものだろうと、カクテルを飲むときはいつも何かが始まるようで、わくわくする。

　世界でもっとも有名なカクテルのいくつかの典型的な材料を挙げたが、レシピには少し解釈の余地がある。たとえばベリーニの果物のピューレを色々と試してみる（私は実はライチかキイチゴが好み）、あるいはサワー［ウイスキーやジンにレモン果汁またはライム果汁などを加えた酸っぱいカクテル］の酒を変えてみるなど（アマレット［アーモンド風味のイタリア産リキュール］がお薦め）。

必要なものは
カクテル・シェイカー（ストレーナーつき）、
マドラー、バー・スプーン、たくさんの氷

グラス

ロック　　ハイボール　　マティーニ

シャンパン・フルート　　クープ　　コリンズ

ベリーニ
- シャンパン
- モモのピューレ
・オール・デイ（いつでも）

マルガリータ
- テキーラ
- コアントロー
- ライム果汁
・オール・デイ
・ショート（短時間で）
・アルコール度数が高い

ブラディ・メアリー
- セロリ・ソルト
- レモン果汁
- コショウ
- トマト果汁
- ウオッカ
- タバスコ
- ウースターソース
・食前に
・ロング（時間をかけて）

マンハッタン

- バーボン
- ビターズ
- スイート・ベルモット
- ・食前に
- ・ショート
- ・アルコール度数が高い

ネグローニー

- ジン
- カンパリ
- スイート・ベルモット
- ・食前に
- ・ショート
- ・アルコール度数が高い

カイピリーニャ

- カシャーサ
- 砂糖
- ライム（切り分けたもの）
- ・食前に
- ・ショート
- ・アルコール度数が高い

マティーニ

- ジン
- ドライ・ベルモット
- ・食前に
- ・アルコール度数が高い

オールド・ファッションド

- バーボン
- ビターズ
- 角砂糖
- ・食後に
- ・ショート
- ・アルコール度数が高い

コスモポリタン

- ライム果汁
- コアントロー
- シトラス・ウオッカ
- クランベリー果汁
- ・オール・デイ
- ・ロング

トム・コリンズ

- ジン
- レモン果汁
- ビターズ
- 砂糖のシロップ
- ・オール・デイ
- ・ロング

ウイスキー・サワー

- ウイスキー
- 卵白
- 砂糖のシロップ
- レモン果汁
- ・オール・デイ
- ・ショート

モヒート

- ライム果汁
- ホワイト・ラム
- 砂糖のシロップ
- ミントの葉
- ・オール・デイ
- ・ロング

バーから

ジン：*ジン横丁

　すぐに酔える安酒として見過ごされていたジンが息を吹き返したのは、ようやく5年前から。

　基本的に風味をつけた蒸留酒のジンは中性の透明な酒で、ウオッカのように穀物から作られる。一旦蒸留された後、独特の風味と香りをつける自然の植物とともに再蒸留されてできるが、セイヨウネズで風味をつけたもっと甘いオランダのジニーバに影響を受けている。ジニーバは17世紀頃にイギリスの海岸に兵士とともに上陸し、当時のオランダ王オラニエ公ヴィレム［イギリス国王となったオレンジ公ウィリアム］のおかげで、人気に拍車がかかった。

　ジンにはふたつの主なタイプがある。コンパウンド・ジンは、ニュートラル・スピリッツ［醸造酒に対して蒸留を繰り返し行い、エタノールを95％以上に濃縮した蒸留酒］に天然抽出物あるいはボタニカル（草根木皮）を加えて作られるが（このジンは安上がりだが、しばしば質が劣る）、ディスティルド・ジンはその呼び名の通り、ボタニカルと再蒸留して作られる。ロンドン・ドライ（実は世界中で作られている）は後者の例。今日ではニュー・ウェスタン・ドライと呼ばれるジンの新種も作られている。このジンの場合ほかのボタニカルにくらべてネズは目立たない。そして現代のジンの多くの成分は魔女のスープのための買い物リストみたいだが、ボタニカルの種類が多ければよいというわけではない。それは芸術のスタイルのようなもので、自分にあったものを見つければよい。

*ロンドン貧民区のジンに溺れた悲惨な子持ち娼婦の様子がホガースの版画『ジン横丁』に見られる

テンションを上げる

ラモス・ジン・フィズ

ジン 2 *msr、
レモン果汁 1msr、
ライム果汁 1/2msr
砂糖シロップ 1/2msr
オレンジ・フラワー・ウォーター 1/8msr
卵白 1msr
ダブル・クリーム 1msr
飾り：レモン・スライス
グラス：ハイボール

ブランブル

ジン 2msr
ブラックベリー・リキュール 1/2msr
レモン果汁 1msr
砂糖シロップ 1/2msr
飾り：ブラックベリー
グラス：ロック

アヴィエーション

ジン 2msr
**クレーム・ド・ヴィオレット 1/2msr
チェリー・リキュール 1/5msr
レモン果汁 1msr
飾り：なし
グラス：クープ

* msr はカクテル用メジャーカップ
** ニオイスミレを使ったリキュール

バーから

ウイスキー：完璧なるひと口を求めて

酒と言えばよいワインはスポットライトを独占するかもしれないが、ウイスキーも質と洗練の度合いが個々の蒸留所の製造過程、ブレンド、ボトリングに非常に左右されるので、同様におもしろくて、探求しがいがある。

琥珀色の神の酒を味わうとき、完璧なるひと口に関してはしばしば意見が別れるところ。原料の供給源、使われる水の味から、寝かせておく樽に至るまで、ウイスキー製造における各々の要素が、全体的な質、設計、味に深い影響を与える。

しかしシングル・モルト・ウイスキーを作るのに必要な三つの要素が、水、大麦麦芽、酵母であることには、異論はない。それから産地によって異なる泥炭とオークの巧みな使い方が重要であることについても。

ウイスキーを飲むためのヒント

1. ウイスキーは丈の低いタンブラーがおなじみだが、味わうにはこれは理想的ではなくて、代わりに適切な大きさのボウルのあるチューリップ形のグラスがよいという意見もある

2. 氷は当然のように使われるかもしれないが、ウイスキーの香りと味を抑え、極上の香気を感じにくくすることもある。

3. 味と香りを引き出すには、代わりに少量の水がお薦め。でも勢いよく入れるのではなく、静かにたらすように

穀物からグラスまで

1. 麦芽製造（モルト）
大麦を水に浸してある程度発芽させ、麦芽を造る。伝統的にこの過程は大麦を発芽床に広げて行われる

2. マッシング（糖化）
麦芽を粉砕して、湯を加え、粥状にする。異なる温度の湯を3回通して濾過し、「麦汁」として知られる糖液を作る。糖液には発酵するとアルコールになる麦芽糖が含まれている

3. 発酵
麦汁に酵母を混ぜ、発酵させてアルコールにする

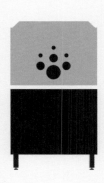

スコッチ・ウイスキー

シングル・モルト・ウイスキーの世界では、歴史的にスコットランド産が幅を利かせている。スコットランド人は、これは山に湧く天然水おかげだと言う。また沼地や湿地には、採鉱によって土壌に流れ込んだものが溶け出している。蒸留所はその湿地帯の泥炭を使うが、それが麦芽の味、ひいてはウイスキーの味に影響する。というわけで、100%スコットランドで作られたときのみ、スコッチ・ウイスキーを名乗ることができる

バーボン

昔のアメリカの農夫が極貧で絶望していた時代から、節酒、禁酒法時代、戦争を生き延びて、世界でももっともすばらしい酒のひとつになった。スコッチとはちがい原料の51%がトウモロコシで、内側を焦がした新しいオークの樽で熟成させるアメリカ製

ライ

アメリカでライと呼ばれるウイスキーの原料は51%以上がライ麦だが、カナダではそのような決まりはなく、たとえトウモロコシとライ麦の割合が9：1でもこう呼ばれる。バーボン同様内側を焦がした新しいオークの樽で熟成が行われ、同じアルコールの量が適用される

日本のウイスキー

日本のメーカーは今やウイスキーの世界をも沸かせている。山崎シングル・モルト・シェリー・カスク2013は、ウイスキー・バイブル2015で世界一に選ばれた。蒸留所は約90年前から稼働し、モルトおよびブレンドのさまざまなウイスキーを製造しており、現在はその数々の実験で有名

テネシー・ウイスキー

テネシー州で作られるストレート・バーボンだが、ジャック・ダニエルズのようなメーカーは、木炭で濾過する点でバーボンとは異なる独自性があると主張している

4. 蒸留

発酵液を加熱する。アルコールは低温で気化するので、水蒸気より早く放出される。それを液化し集める。アルコール濃度およそ70%の蒸留液をつくるために、この過程は数回おこなわれる

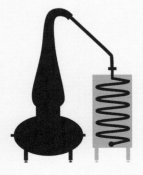

5. 熟成

オークの樽に入れると、ウイスキーには芳醇な味わいと独特の色が生まれる（たとえば、スコッチ・ウイスキーは最低でも3年間寝かせる）。仕上げには伝統的にシェリーあるいはワインの古い樽が用いられる

6. ブレンドと瓶詰

シングル・モルトは一か所の蒸留所のモルト・ウイスキーだけで作られたものだが、最終的に望ましい風味と色をつけるために、多くの異なる樽のウイスキーをブレンドしてある。アルコール量は、瓶詰前に40%〜46%に薄められる

バーから

ウオツカ：氷のような一杯

冷凍庫から出してすぐに供するのが一番の一杯に、男が火をつけて一気に流し込む。でもいつもそんなことが行われたわけではない。

穀物（ふつうは小麦またはライ麦、あるいはジャガイモなど）を発酵させたこの強く純粋なアルコールは、8世紀〜9世紀あたりに東欧で生まれた。ポーランドもロシアも自国で生まれたと主張しているが、その正確な誕生地はともかく、昔のウオツカは、今日のアルコール分40%と比較すると弱く、14%ほどだった（ワインと同じ）。というのも発酵させただけで、蒸留はしなかったから。16世紀のポーランドで初歩的な蒸留が行われると、アルコール度数は上昇し、18世紀には工業的蒸留が始まり、100年後には新しい蒸留技術によってウオツカはおなじみの透明な液体になった。

ロシアのウオツカ製造も同様の過程をたどったが、最初のレシピはモスクワの修道士によって作られたという伝説がある。修道士は焼けるような一杯を「パンのワイン」、「燃えるワイン」と呼んだ。今日ウオツカは世界中で製造されているが、最高の銘柄のいくつかは、いわゆる「ウオツカ地帯」に沿ったスウェーデン、フィンランド、エストニア、リトアニア産である。

ウオツカは世界でもっともよく売れている蒸留酒

ウオツカの語源はロシア語のvodaで、おおまかに言えば「お水」

ウオツカは氷のように冷やして飲むのが一番。アルコール度数が高いので、冷凍庫で保存しても凍らない

ジェイムズ・ボンドがトレードマークの酒ウオツカ・マティーニを、かき混ぜるのではなく揺らしたことが、しゃれた宣伝になった

ウオツカは味気ない？

多くのカクテル（コスモポリタンからモスコー・ミュールまで）で風味に影響せずにアルコール度数を上げる定番なので、ウオツカはそれ自体が酒だということをしばしば見逃されている。しかしモルト・スピリッツつまり「ホワイト・ドッグ」のような他の透明で熟成していない酒がもてはやされているのだから、見たところ「ニュートラル」なウオツカも取り上げる価値がある。この生の蒸留酒は、柑橘類や、熟したリンゴから、燻製やコショウまでどんな味もつけられるし、すっきりと滑らかな喉越しと熱さがいい

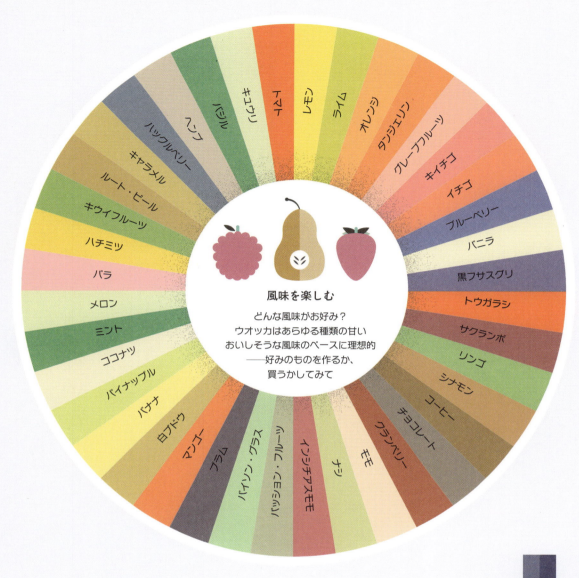

風味を楽しむ

どんな風味がお好み？
ウオッカはあらゆる種類の甘い
おいしそうな風味のベースに理想的
——好みのものを作るか、
買うかしてみて

緊急時

ウオッカは伝統的に医療目的で使われた。熱のある胸に塗ることができるし、あらゆるアルコール同様、十分に消毒できる

乾杯

癖のないウオッカは、すばやく酒を飲みたい者が選ぶ一杯になっているかもしれないが、よいウオッカはちびちび飲んで、味わうのが一番。ロシア人に nostrivia と言ってはいけない。それは元気づけではなく、飲み物か食事へのお礼を意味する。代わりに「健康に！」という意味の za zdorovye と言って

他に
—
変換チャート：基本的早見表

材料の計量単位があれこれあるとまごつきやすいけれど、ご心配なく！レシピの計量法を統一して。完璧な結果を出さなければならないベーキングにはデジタル重量計は必需品。オーブン温度計も、オーブンの内側の温度が表示されるものがよい。

オーブン温度

℃（摂氏）	℃（摂氏）（ファン付き）	℉（華氏）	*ガス・マーク
140℃	120℃	275℉	1
150℃	130℃	300℉	2
170℃	150℃	325℉	3
180℃	160℃	350℉	4
190℃	170℃	375℉	5
200℃	180℃	400℉	6
220℃	200℃	425℉	7
230℃	210℃	450℉	8
240℃	220℃	475℉	9

*ガス調理器具の温度表示体系

イギリス式
（英本国法定標準による）
度量衡：oz（オンス）

oz（オンス）	メートル法：g
½ oz	15g
1 oz	30g
2 oz	55g
3 oz	85g
4 oz	115g
5 oz	140g
6 oz	170g
7 oz	200g
8 oz	225g
9 oz	250g
10 oz	285g
11 oz	315g
12 oz	340g

重さ

必要なもの
デジタル計量計、
オーブン温度計、
アメリカ式計量カップ、
計量ジャグ、
巻き尺

1CUP
½
¼

液体

イギリス式： fl oz （液量オンス）	アメリカ式	メートル法： ml、ℓ
-	小さじ ½	2.5ml
-	小さじ 1	5ml
-	大さじ 1	15ml
1 fl oz	-	30ml
2 fl oz	¼ カップ	55ml
4 fl oz	½ カップ	115ml
8 fl oz	1 カップ	225ml
16 fl oz	1アメリカン・パイント	470ml
20 fl oz	2 ½ カップ	570ml
32 fl oz	1クォート（2パイント）	910ml
35 fl oz		1 litre

イギリス式： inch（インチ）	メートル法： cm
1 inch	2.5cm
2 inches	5cm
3 inches	7.5cm
4 inches	10cm
5 inches	12.5cm
6 inches	15cm
7 inches	17.5cm
8 inches	20cm
9 inches	23cm
10 inches	25.5cm

長さ

デザート用

他に

―

ディナー

　私が10年間仕事を通して苦労して学んだのは、レストランであてにできる唯一の「ルール」こそ、ルールはみな破られるだろうということ。
　もちろん道理にかなった伝統はあり、食器の配置もそのひとつ。カトラリー、陶磁器、グラスをテーブルの「正しい」位置に置けば、客は深く腰掛けて、くつろぎ、戸惑ったり、素手で食べたりせずに、それぞれの

もし必要なら魚用フォーク

パン皿　　　前菜用　　主菜用

外側から内側に

料理を楽しむことができる。この図は3品の食事の場合で、大切なことはカトラリーを外側から内側へと順に使うこと。フォークはいつも左側に、ナイフとスプーンは右側に。カトラリーの端を揃えて、きちんと見えるように。どんな状況でも携帯電話をテーブルに載せてはいけない。電源を切ってから、フォークを取って、食事を始める。

他に
旬を食べる

料理の材料は新鮮で産地に近いほど、おいしいだけでなく、貴重な栄養分が保たれ、たいてい気持ちよく食べられる。モモは汁気がたっぷりで、アスパラガスは甘く、リンゴは歯ごたえがある。一般に地元で栽培あるいは飼育された中で最高のものを食べれば、ちょっとした節約にもなる。だから今すぐ利用できるものを最大限に活用すること。産地が近い旬のものを買えばよい。

（イギリスの旬の季節）

果物	12月	1月	2月	3月	4月	5月	6月	7月	8月	9月	10月	11月
リンゴ												
アンズ												
黒フサスグリ												
ブルーベリー												
ブラックベリー												
バナナ												
ブラッド・オレンジ												
クレメンタイン												
サクランボ												
クランベリー												
デーツ												
ニワトコの実												
イチジク												
ブドウ												
スグリ												
キウイ												
レモン												
メロン												
ネクタリン												
オレンジ												
ナシ												
パッション・フルーツ												
モモ												
プラム												
パイナップル												
カキ												
ザクロ												
マルメロ												
ルバーブ												
赤フサスグリ												
キイチゴ												
イチゴ												
ウンシュウミカン												
タンジェリン												

野菜	12月 1月 2月	3月 4月 5月	6月 7月 8月	9月 10月 11月
ナス				
アスパラガス				
ビート				
ソラ豆				
ブロッコリー				
芽キャベツ				
キャベツ				
ニンジン				
カリフラワー				
根用セロリ				
セロリ				
チコリ				
トウガラシ				
ズッキーニ				
フェンネル				
サヤインゲン				
アーティチョーク				
エルサレム・アーティチョーク				
ケール				
コールラビ				
リーキ				
レタス				
アミガサタケ				
マロー［カボチャの一種］				
タマネギ				
パースニップ				
ジャガイモ				
ペポカボチャ				
ピーマン				
エンドウ豆				
ラディッシュ				
ベニバナインゲン				
ホウレンソウ				
葉タマネギ				
スウェーデンカブ				
サムファイア				
夏カボチャ				
トウモロコシ				
フダンソウ				
トマト				
カブ				
野生キノコ				
野ニラ				
クレソン				

他に

刃物について

申し分ない料理を作る上で重要なことは、材料にとどまらない。調理のための鍋から盛り付ける皿まで、適切な道具を選ぶことは基本。そしてたぶん刃物ほど重要なものはない。私の経験では、実際には牛刀、果物ナイフ、パン切りナイフ、魚おろし用包丁の4本の刃物があればよいが、もしスペースと予算に余裕があるなら、以下の10本を揃えれば、料理の腕が上がることまちがいなし。インターネットではなく、必ず店でじかに買うこと。刃物の握り心地は、刃そのものの質と同じくらい重要だから。

牛刀

大きくてもびくびくすることはない。この大きな万能包丁（もっとも役に立つ）があれば、切る、つぶす、さいの目切り、薄切り、みじん切り、切り目つけ、千切りがすばやくできる

魚おろし用包丁

長く、薄く、しなやかな刃は、魚をおろすだけでなく、鱗を取り、皮をはぐのにも向いている

骨取り用包丁

幅が狭く（魚おろし用包丁よりわずかに短い）、ある程度しなやかなので、あらゆる隅や隙間に届く。骨を取ったり、肉をおろしたりするときに、手際よく行うのに欠かせない

トマト・ナイフ

トマトの薄切りからオレンジの切り分けまで、非常に便利で使い道が広い

果物ナイフ

どの家庭にも大きな包丁があるように、皮むきから飾り切りまで、デリケートな仕事のために小さなナイフも必要

金属砥石

なまくらな包丁は危険。この特別に考案された砥石で刃物を管理し、よく切れるようにしておく。堅い鋼鉄、ダイヤモンド・コーティングをした鋼鉄、あるいはセラミック製。砥石を下に向け先端をまな板に当て、砥石の上をその先端に向けて刃物をすべらせて砥ぐ

パン切りナイフ

パンを切り分けるのに欠かせない。滑らかに切れるように鋸状の刃がついている

肉切り包丁

ローストした肉や家禽の関節をさばくのによい幅の狭い長い刃がついている

三徳包丁

日本語で三つの徳を意味するこの幅の広い、堅い、刃先が波形のものもある包丁は、牛刀より軽く、薄切り、賽の目切り、みじん切りができる。肉、魚、野菜に向いている

大包丁

大きくて厚い刃は骨を切るのに理想的だが、大きなハーブの束を刻んだり、肉や魚を細かく刻んだりするのにも役に立つ

皮むき用ナイフ

カーブしてしなやかな短いナイフは、丸い野菜の皮むき用に特別に考案されている

221

他に
―

色覚異常の人がいるように、味覚異常の人も少数おり、苦味のような味を感知できない

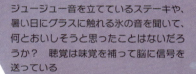

ジュージュー音を立てているステーキや、暑い日にグラスに触れる氷の音を聞いて、何とおいしそうと思ったことはないだろうか？ 聴覚は味覚を補って脳に信号を送っている

五つの味

　食べるのは栄養を摂るためで、タンパク質と炭水化物と1日に5種類の果物と野菜をチェックする人もいるが、食べることを楽しんでいる人々は、味が多感覚的であることを知っている。味によって記憶を呼び覚まされることも、顔をしかめることも、鼓舞されることさえもある。

　私たちの進化と生存を支えてきた味覚は、何かが有毒で不快なものであるとわかるようにできている。そして甘い炭水化物から塩やミネラルまで、体が自然に必要とするものを教えてくれる。まずは甘いと苦いから始めて人間が経験する基本的な味覚を最初に区別したのは、アリストテレスだった。しかし今日では、甘味、苦味、塩味、酸味に加えて最近発見された旨味があることが、知られている。

　過去1世紀ほどの間に、舌の特定の部分がこれらの味それぞれを感知すると考えられるようになった。甘味は舌の先端で、塩味と酸味は側面で、苦味は奥でという具合に「舌の味覚分布地図」が、20世紀ドイツの科学者の研究に基づいて作成された。しかしそれは誤りであることが証明されている。味蕾はあらゆる味を感知できるが、他の感覚の助けを借りて最終的にどんな味か判断するのは、私たちの脳である。

私たちの感覚はどれも、ひと口の食べ物を十分調べるために、脳に信号を送っている

きれいに盛り付けられた料理はいつも一層おいしく感じられる──見た目はとても重要！

味の印象の80%がにおいで決まると考えられている。次ににおいの強いチーズを食べるときに、鼻をつまんで同じ味がするかどうか確かめてみて

味蕾は舌に集中しているかもしれないが、実際には口の中全体で味わっている

舌

私たちの舌には約8,000個もの味蕾がある。ひとつの味蕾には小さな味毛を持つ何十個もの味覚受容体細胞があって、ひと口食べることに脳に信号を送っている

甘味─私たちがもっとも渇望する味：糖類
塩味─もっとも単純な味：塩化ナトリウム
酸味─柑橘類のように酸っぱい味

苦味─私たちの大半が生まれつき苦味を嫌うが、年令とともに平気になる。味の中でももっとも複雑で、例えばビール、コーヒー、トニック水、カカオに含まれる
旨味─1908年に日本人化学者菊苗博士によってだし汁の中から発見された。旨味はチーズや塩漬け肉を含む発酵食品、海藻、キノコ、トマトに多くふくまれるおいしい風味

訳者あとがき

インフォグラフィックという耳慣れない言葉に、思わず教科書のような図解を思い浮かべた訳者の予想は、快く裏切られた。著者が楽しんで書いたと言うだけあって、解説は親しみやすく茶目っ気たっぷりで小気味よい。そしてすばらしい色合いのシンプルで美しいイラストレーション。眺めているだけでも楽しいが、食物に関するさまざまな情報が、イラストのおかげで実に具体的に示され、すばやく頭に入ってくる。料理法などは、まさにインフォグラフィックの面目躍如。クロナッツの生地の作り方など、文章だけでは理解しにくいものも、とてもわかりやすい。

著者がイギリス人だけあって、日本人の感覚や考えとは少々ちがうところもあるが、ホムスやペストなど地中海沿岸や中近東のエキゾチックな料理やソース、さまざまな無発酵のパンやサラダなど大変興味深く、その味をあれこれ想像してしまう。やはり世界は広く、訳者の知らない食材や料理や味がまだまだたくさんあるのだ。そう考えると、代わり映えのしない日々にも明るい光が射したようで、心が弾む。訳者は食いしん坊のくせに、日頃の食事は限られた食材と限られた料理で、すっかりマンネリ化している。この際是非知らない料理をあれこれ試してみればよいのだ。本書のおかげで、さまざまな情報を得た上に、何だかわくわくしてきた。

著者

ローラ・ロウ（Laura Rowe）
イギリスのフード・ジャーナリスト。ガーディアン紙のWorld of Mouth blog、lovefood.com などに寄稿、サウス・ウエスト・イングランドで受賞歴のあるフード・マガジン Crumbs の編集を経て、2015年より食の専門雑誌 olive の編集者。

訳者

栗山節子（くりやま　せつこ）
翻訳家。東京外国語大学卒業。訳書に『美食のギャラリー』（八坂書房）、『ビジュアル版世界有用植物誌—人類の暮らしを変えた驚異の植物』『食の歴史—100のレシピをめぐる人々の物語』（いずれも柊風舎）など多数。

食のビジュアル情報図鑑
世界の食材・料理・味のインフォグラフィック

2018年7月8日　第1刷

著　者　ローラ・ロウ
訳　者　栗山節子
装　丁　古村奈々
発行者　伊藤甫律
発行所　株式会社　柊風舎

〒161-0034 東京都新宿区上落合1-29-7 ムサシヤビル5F
TEL 03-5337-3299／FAX 03-5337-3290

日本語版組版／株式会社明光社印刷所

ISBN978-4-86498-057-9
Japanese text © Setsuko Kuriyama

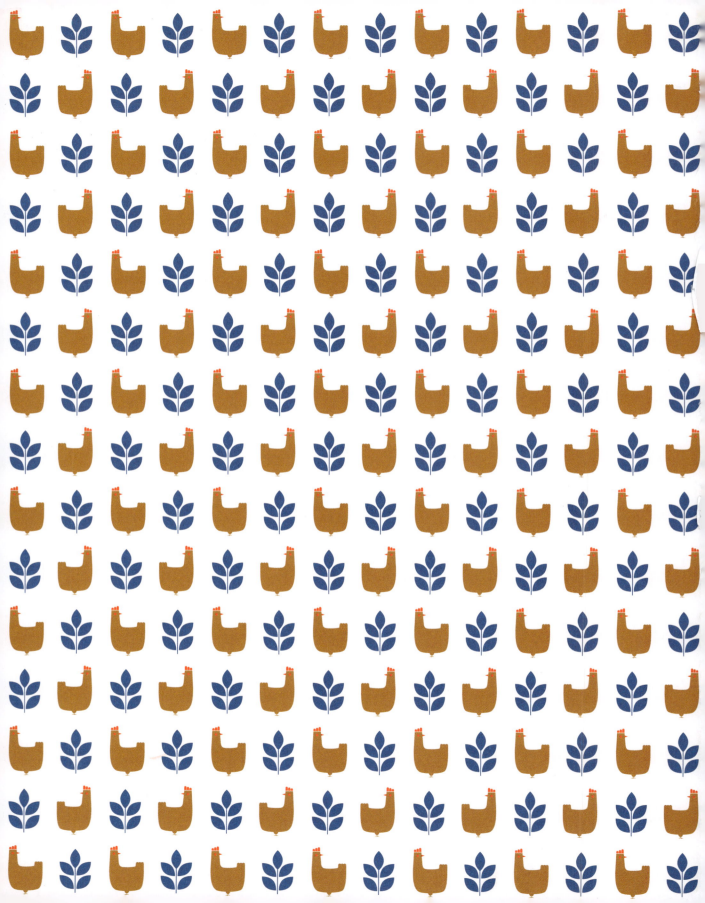